Grete Wehmeyer

ZU HILFE! ZU HILFE! SONST BIN ICH VERLOREN

Mozart und die Geschwindigkeit

CIP-Titelaufnahme der Deutschen Bibliothek
Wehmeyer, Grete:
Zu Hilfe! Zu Hilfe! Sonst bin ich verloren:
Mozart und die Geschwindigkeit / Grete Wehmeyer. –
Hamburg: Kellner, 1990
ISBN 3-927623-10-5

© Copyright by
Kellner GmbH & Co Verlags KG, Hamburg
Alle Rechte vorbehalten
1. Auflage, November 1990

Umschlaggestaltung: Walter Landmann, Hamburg
Gesamtherstellung: Clausen & Bosse, Leck
ISBN 3-927623-10-5

INHALT

Wolfgang Amadé Mozart 200 Jahre nach seinem Tod	7
...daß ich mein lebetag/obwohl ich es gewunschen/ niemand habe sterben gesehen...	9
Fühlst du nicht der Liebe Sehnen...	22
Mann und Weib und Weib und Mann...	39
Der Hölle Rache kocht in meinem Herzen...	50
Eine Mozart-Renaissance besonderer Art	62

WOLFGANG AMADÉ MOZART – 200 JAHRE NACH SEINEM TOD

GESCHUNDEN. Seine Musik ist seit sieben Generationen ständig im Gebrauch. Ein Elysium für die Sinfonieorchester, ein Kassenmagnet für Opernhäuser und Festspiele, das gepflegte akustische Parfum für die Gartenparty (Kleine Nachtmusik) oder für die Flughafenhalle und den Supermarkt, der Prüfstein für »geschmackvolle« Solisten auf dem Konzertpodium, die Belohnung für Klavieranfänger (etwas »Mozärtliches«)...

Mozart in der schönen Literatur – vor sechzig Jahren hat sich jemand die Mühe gemacht, zu zählen, wie oft er »Sujet« gewesen ist: 42 Dramen, 8 Romane, 89 Novellen, 140 Gedichte.[1]

Stichjahr 1931, bis heute sind es sicher viel mehr – ich habe nicht nachgezählt. Vor allem fing damals alles an, was mit Radio zu tun hat: Hörspiele, Features...

Film *Amadeus*, zugehöriges Theaterstück *Amadeus*. Er selber nannte sich immer »Amadé«.

Literatur *über* ihn: unzählbar, und das in *allen* Sprachen.

Alles ist behandelt. Eine Frage nicht: Was kommt heraus, wenn man Mozarts Musik nach den neuen Tempovorstellungen spielt?

ABGEHETZT. Seine Musik ist durch sieben Generationen ein Gegenstand virtuoser Schaustücke gewesen: die Läufe für die Instrumentalisten, die Koloraturen für die Sänger, die fetzigen Ouvertüren für die Orchester und für speziell den Dirigenten, wenn er nach der Opernvorstellung zum Flughafen muß – die Zauberflöte zügiger, das spart 20 Minuten Spieldauer ein.

Das ist *unser* Amadeus, wie wir ihn gebrauchen können und deshalb sehr lieben. Weil seine Musik »leicht« zu spielen ist, verführt sie ohnehin zum »quirligen« Tempo. Es liegt bei Mozarts schnellen Sätzen heute durchweg um das Doppelte über, bei den Andantes erheblich unter seinen Vorstellungen. Aber dazu später.

VERSCHLISSEN. In sieben Generationen ist Verschleiß eingetreten. Fachleute bemerken das seit etwa 1930, seit sein Flügel wieder aufgestellt worden ist. Mozart mußte zur Inspektion – seine Musik und die Vita. Alles wurde überprüft: seine Klangwelt, sein Instrumentarium, seine Artikulation, seine Lautstärken, die Größe der Orchester, sehr zaghaft auch das Aufführungstempo. Und sein Leben betreffend: Wie arm war er wirklich, war er ein Spieler, woran ist er gestorben, war er unanständig (Kanon: *Leck mich...*), welches Kaliber hatte die Frau an seiner Seite (Constanze)?

Die Musikwissenschaft hat viel gearbeitet – ohne Auswirkung auf die praktizierenden Musiker.

Die Mozart-Verehrer sollten Konkurs anmelden: Seine Sinfonien wurden ein Opfer der Anpassung an Beethoven, seine Instrumentalmusik ein Opfer der Virtuosität, seine Opern ein Opfer der Wagnerschen Vorstellung von Musikdrama.

RESTAURIERUNGSBEDÜRFTIG. Nach sieben Generationen ist es höchste Zeit, an die Restaurierung zu gehen. Die Ablagerungen der Jahrhunderte müssen abgewaschen werden – wie die Fresken von Michelangelo oder die Gemälde von Rembrandt. Das Ergebnis ist mindestens ebenso umwerfend: ein anderer, neuer Mozart, eine andere Epoche.

An einigen Stücken habe ich eine Restaurierung versucht – das ist das Spannendste und das Genußvollste, was ich zur Zeit im Umgang mit Musik kenne.

Das Ergebnis macht süchtig!

Köln, im Juli 1990

...DASS ICH MEIN LEBTAG/OBWOHL ICH ES GEWUN-SCHEN/NIEMAND HABE STERBEN GESEHEN...
(W. A. Mozart am 31. Juli 1778 an seinen Vater)[2]

»Fort mit Dir nach Paris! und das bald, setze Dich großen Leuten an die Seite«, schrieb Leopold Mozart am 12. Februar 1778 seinem Sohn Wolfgang nach Mannheim. Der Papa fürchtete, daß der Zweiundzwanzigjährige sich dort zu sehr bei Aloysia Weber engagieren würde. (Aus der Liebe wurde am Ende nichts, aber nicht weil der Vater sie vereitelt hätte, sondern weil Aloysia sich nichts aus dem jungen Mozart machte. Vier Jahre später heiratete er ihre jüngere Schwester Constanze, worüber der Vater allerdings auch nicht glücklich war.)

»... der einzige Gedanke Paris zu sehen, hätte Dich vor allen fliegenden Einfällen bewahren sollen. Von Paris aus geht der Ruhm und Name eines Mannes von großem Talente durch die ganze Welt, da behandelt der Adl Leute von Genie mit der größten Herablassung, Hochschätzung und Höflichkeit, – da siehet man eine schöne Lebensarth, die ganz erstaunlich absticht gegen der Grobheit unserer Teutschen Cavaliers und Damen, und da machst Du Dich in französischer Sprache vest...«

Auch die Schwester wünschte, daß Wolfgang in Paris erfolgreich sein und damit das Glück der ganzen Familie machen möge. Der Vater war überzeugt davon, daß die Kompositionen des Sohnes dort gefallen würden. Aus dem fernen Salzburg lenkte er die Einzelheiten der Reise; der Sohn solle die besten Kleider mitnehmen, da man in Paris nicht »in einem ordinair-gemeinen Kleid herumgehen« könne, »wie zu hause, eben so, wie wir die Kleider, die wir in Salzburg am Sonntage tragen, andern Orts täglich truegen« (19. Januar 1778). Leopold Mozart schrieb sogar, wie die Kleider verpackt werden müssen, was die Reise koste und wieviel Geld mitzunehmen sei.

Die Mutter begleitete Wolfgang nach Paris, wo sie nach neun Tagen Reise am 23. März ankamen. Am 5. April schrieb Frau Mozart an ihren Mann und ihre Tochter, wie sie in Paris lebt:

»Mein lieber Mann   Paris den 5ten:
                                     Aprill 1778
wür sind beyde gott lob und danck gesund, und hoffen das du und die Nanerl sich in gutter gesundheit befinden...
unser gelt ist aber schon zimlich klein geworden, und klecket nicht so weith dan wür miessen ein anders quatier nehmen weill das so weith

entlegen ist zu fuesse zu gehen, wür haben schon vill gelt für das fahren ausgegeben, es ist mir sehr leyd von disen haus weck zu gehen es seind prafe leuth mit denen ich deutsch reden kann...

was meine lebens arth betrifft ist solche nicht gar angenehm, ich size den ganzen tag allein in zimmer wie in arest, welches noch darzue so dunckel ist und in ein kleines höffel geth das man den ganzen tag die Sohn nicht sehen kan, und nicht einmahl weis was es vor ein wetter ist, mit hartter miehe kan ich bey einen einfahlenten liechten etwas weniges stricken, und für dises zimmer müssen wier das Monat 30 liver bezahlen, der eingang und die stiegen ist so öng das es ohnmöglich wehre ein Clavier hin auf zu bringen. der wolfgang mues also ausser haus bey Monsieur le gro Componieren weill dorth ein Clavier ist, ich sehe ihme also den ganzen tag nicht, und werde das reden völlig vergessen.«

Leopold hatte seinem Sohn eine Liste mit etwa sechzig Namen und Adressen geschickt, die er in Paris aufsuchen und wo er Kontakte auffrischen oder neu knüpfen sollte, um »Protecktion zu suchen«. So war der Sohn fast ständig unterwegs, aber auch die Mutter klagte schon bald nicht mehr über ihr Leben, sie hatte sogar eine neue Wohnung in einer Nebengasse der »Rue Montmartter... es ist eine schöne gasse, und logieren meist herrschaften darinen, ganz Reinlich, niht gar weith von pulvar [boulevard], und ein gesunder luft, die haus leuth recht gut und redlich nicht in treziert welches in Paris seltsam ist...« (12. Juni 1778).

Nur eine Woche später wurde die Mutter krank, und am 3. Juli starb sie. Es ist Streit darüber entbrannt, ob die Musik, die Mozart in Paris komponiert hat, eine inhaltliche Beziehung zum Tod der Mutter hat oder nicht. Es handelt sich vor allem um die Klaviersonate K. V. 310 in a Moll und die Violinsonate K. V. 304 in e Moll.

Man muß die Frage grundsätzlicher stellen: ob nämlich die Werke Mozarts überhaupt etwas mit Ereignissen seines Lebens zu tun haben. Volkmar Braunbehrens diskutiert dieses Problem an folgendem Beispiel:

»Die Hinrichtung Zahlheims [eines Raubmörders, der in Wien großen Schrecken verbreitet hatte, und der schließlich auf barbarische Weise vor 30000 Zuschauern hingerichtet wurde] fand am Vormittag des 10. März 1786 statt. Mozart war in Wien. Ob er der Hinrichtung selbst beigewohnt hat, wissen wir nicht. Sie nahm ihren Ausgang ein paar hundert Meter von seiner Wohnung entfernt. Das Hin- und Hergerenne auf den Straßen, das Schreien einer so zahlreichen Volksmenge konnte er auch in seiner Wohnung hören. ... er komponierte an diesem

Tag zwei Arien, die für die *Idomeneo*-Aufführung im Palais Auersperg als Einschübe gedacht waren. Sie haben von ihrem Inhalt her nicht die geringste Beziehung zu den aufwühlenden Ereignissen dieses Tages.«[3]

Seit Beethoven über die Musikszene gegangen ist, sind wir es gewohnt, jedwede Musik biographisch zu deuten. Im Falle von Mozarts Klaviersonate in a Moll K. V. 310 liegt es besonders nahe, das ebenfalls zu tun, weil sie wegen der bei Mozart seltenen Tonart a Moll und auf Grund der zahlreichen Dissonanzen im 1. und 2. Satz gegenüber vielen anderen Mozartschen Werken auffällt. Da ist dann schnell der Brief zur Hand, den er, gleich nachdem die Mutter die Augen geschlossen hatte, an Bullinger in Salzburg schrieb:

»Allerbester freünd! Paris ce 3 julliet
für sie ganz allein. 1778
Trauern sie mit mir, mein freünd! – dies war der Traueriste Tag in meinen leben – dies schreibe ich um 2 uhr nachts – ich muß es ihnen doch sagen, meine Mutter, Meine liebe Mutter ist nicht mehr! – gott hat sie zu sich berufen – er wollte sie haben, das sahe ich klar – (…) stellen sie sich nur alle meine unruhe, ängsten und sorgen vor die ich diese 14 täge ausgestanden habe – sie starb ohne das sie etwas von sich wuste – löschte aus wie ein licht. sie hat 3 täge vorher gebeichtet, ist Comunicirt worden, und hat die heilige öehlung bekommen – (…) ich bitte sie unterdessen um nichts als um das freünd-stück, daß sie meinen armen vatter ganz sachte zu dieser trauerigen nachricht bereiten – ich habe ihm mit der nehmlichen Post geschrieben – aber nur daß sie schwer krank ist – warte dann nur auf eine antwort – damit ich mich darnach richten kann. gott gebe ihm stärcke und muth! …«

Wolfgang Hildesheimer nimmt in seiner mittlerweile berühmt gewordenen Mozart-Biographie von 1975 zu diesem Brief Stellung: »Dieser Brief gilt als ›erschütterndes Dokument‹, als ›das herrlichste Denkmal kindlicher Liebe‹, das der Mutter Bild ›unauslöschlich in die Herzen der Nachwelt präge‹ (Paumgartner). Uns erscheint es eher, als halte sich Mozarts Erschütterung innerhalb der Grenzen barocker Konvention. Man spürt, daß einige Librettisten der Opera seria daran mitgeschrieben haben: Der Ausdruck des tragischen Inhalts ist an Vorbildern modelliert… Der Brief an Bullinger mündet denn auch sofort in die Evokation höherer Mächte, deren sich Mozart gerade und vor allem zu dieser Zeit nur allzu gern bediente…«[4] Hildesheimer zweifelt sogar an einer wirklich engen Beziehung zwischen Mozart und seiner Mutter und stellt die Frage:

»Wer stand ihm wirklich nahe?«[5]

»Da Mozart als Erwachsener keine tiefen menschlichen Bindungen kannte, außer später an seine Frau Constanze, waren für ihn weder der Tod der Mutter noch der Tod des Vaters entscheidende Schicksalsschläge... Die Mutter war seit seiner Kindheit, kein Objekt mehr – übrigens sind keinerlei Liebesbezeugungen des Kindes Wolfgang ihr gegenüber bekannt, im Gegensatz zum Fall des Vaters. Die Stimme der Mutter hat nicht in sein Partitursystem gehört.«[6]

Nach Hildesheimer lag die Erschütterung beim Sterben der Mutter für Wolfgang lediglich darin, daß er allein blieb. Er hört die a Moll-Sonate nicht als Trauermusik.

Weit mehr als der Brief an den Abbé Bullinger ergreift mich die Beschreibung des Verlaufs der Krankheit, wie Mozart sie auf Drängen des Vaters gibt. (Brief vom 31. Juli 1778) Darin stehen Sätze, die deutlicher die innere Verfassung des jungen Mannes angesichts der realen Schrekken, die ihm begegneten, beschreiben, als man sie den Dokumentationen von Trauer im Brief an Bullinger entnehmen kann:

»– sie wissen daß ich mein lebetag / obwohl ich es gewunschen / niemand habe sterben gesehen – und zum erstenmahle muste es just meine Mutter seyn – auf diesen augenblick hatte ich auch am meisten sorg –

...sie werden sich leicht vorstellen könen, was ich ausgestanden – was ich für Muth und standhaftigkeit notwendig hatte, um alles, so nach und nach imer ärger, imer schlimer, mit gelassenheit zu übertragen...

– ich danke ihnen für das pulver – unter der kranckheit meiner seeligen Mutter wäre es einmahl bald nothwendig gewesen – aber itzt, gott lob und Danck, bin ich ganz frisch und gesund – Nur bisweilen habe ich so Melancholische anfälle...«

Dann folgt die Schilderung der einzelnen Stadien der Krankheit. Ich kann mir leicht vorstellen, in welche Hilflosigkeit und Panik ein in solchen Ereignissen unerfahrener junger Mensch gerät, wenn er sie durchzustehen hat – selbst wenn es sich nicht um seine Mutter gehandelt hätte.

Mozart erzählt ganz realistisch, wie die Mutter zur Ader gelassen wurde, wie sie Durchfall bekam, Kopfschmerzen, wann sie das letzte Mal aufstand, wie Fieber auftrat, wie er einen Arzt suchte – aber bitte einen Deutschen, so der Wunsch der Mutter –, wie es drei Tage dauerte, daß dieser kam, wie die Patientin das Gehör verlor, wie die Mutter gern frisches Wasser gehabt hätte, er es ihr aber nicht geben durfte...

»bester vatter, sie können sich nicht vorstellen was ich ausgestanden –

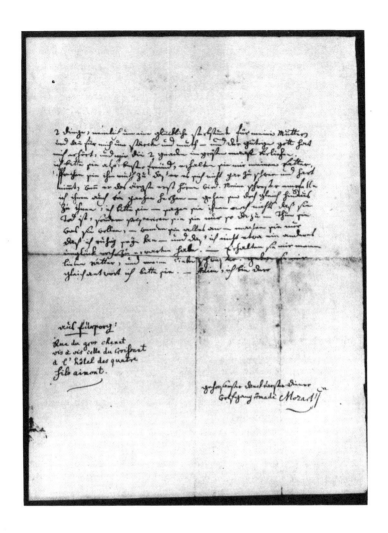

Ende des Briefes Mozarts an Bullinger, 3. Juli 1778

da war kein anders Mittel, ich muste sie in gottes Namen den händen des Medici überlassen – alles was ich mit guten gewissen thun konnte, war, daß ich unaufhörlich zu Gott bat, daß er alles zu ihrem besten anordnen möchte...«

Am folgenden Tag blieb der Doktor aus, dann kam er wieder und äußerte Zweifel, daß die Mutter die Nacht überstehen würde, Wolfgang lief, einen Geistlichen zu suchen, auch wieder einen Deutschen, weil die Mutter nicht französisch sprach.

Wir wissen es, Frau Maria Anna Mozartin starb am 3. Juli 1778 abends nach zehn Uhr in Paris. Am nächsten Tag wurde sie bereits in Saint-Eustache begraben. Das Kirchenbuch vermeldet: »en présence de Wolfgang Amadé Mozart son fils et de François Haina trompette de cheveaux-Legers de la Garde du Roi.« Darunter die Unterschriften von Wolfgang Amadé, Herrn Haina und dem Totengräber.

Damit war noch nicht alles vorbei: »... der heyna und ich haben alles gemacht. die kleider, wäsche, kleinodien und alles halt was ihr war, werde ich mit guter gelegenheit und gut verwahret nach Solzburg schikken...« (31. Juli 1778)

»... ich gieng herum als wen ich gar keinen kopf hätte...«

»– ich hätte dort die beste zeit gehabt zum Componiren, aber – ich wäre nicht im stande gewesen eine Note zu schreiben...« (Brief an den Vater vom 31. Juli 1778)

Hildesheimer urteilt von oben herab: »Der künstlerische Ertrag der Pariser Monate ist gering... ist es weniger die Quantität als die Qualität der hier entstandenen Werke, die uns, die wir von Großem allzu verwöhnt sind, hier so wenig befriedigt...«[7]

Nach meinen Erfahrungen mit dem Tempoproblem der klassischen Musik[8], möchte ich, wenn es um die »Qualität« oder auch den »Inhalt« dieser Musik geht, die grundsätzliche Frage stellen: Kennen wir die Musik von vor 200 Jahren richtig? Woher bezieht ein Beurteiler wie Wolfgang Hildesheimer seine Kenntnis von der Musik Mozarts? Bestenfalls aus dem Studium der Noten. Und was hat er gehört? Welche Schallplatte? Welche Interpreten im Konzertsaal? Das ist eigentlich fast gleichgültig, denn sie sind sich alle sehr ähnlich. Sie spielen Mozarts Musik elegant und virtuos.

Zwar lenken bei der a Moll-Sonate die Molltonart und die Dissonanzen die Interpretation etwas vom virtuosen Glanz weg, doch hört man diese Sonate stets als brillantes Stück. Auch mir wurde in der Kinderzeit und während des Studiums gesagt, »Das ist schon fast Beethoven«,

Familienbild. Ölgemälde von Johann Nepomuk della Croce,
Winter 1780/81

aber dann mußte ich trotzdem – oder erst recht – die Läufe auf Hochglanz bringen; das heißt immer, sie solange zu üben, bis man sie schnell und gleichmäßig spielen kann. Ich spielte also die a Moll-Sonate so »beethovensch«, wie ich es verstand und konnte: als Schwester der *Pathétique*. Als ich viel später las, daß Mozart diese Musik unter den beschriebenen traurigen Umständen in Paris komponiert hat, war ich zwar bewegt, änderte aber meine Darstellung am Klavier nicht. Auch in den Interpretationen anderer Musiker konnte ich nirgends eine Stimmung entdecken, die eine Beziehung zu der möglicherweise zugrundeliegenden Begebenheit herstellte.

Deshalb verwundert es mich nicht, daß Hildesheimer in dieser Musik kein Zusammenhang mit Mozarts Trauer erkennen kann und – um allem Kitsch zu entgehen – diese Trauer anzweifelt.

Mittlerweile habe ich an vielen Musikstücken die Erfahrung gemacht, daß die Diskussionen um ihre Bedeutung, um ihre eventuelle Beziehung zur Biographie, daß selbst ein Neuaufrollen der Lebensgeschichte nicht die geringste Auswirkung auf die Interpretation hat.

Diese führt ihr Eigenleben, an der Biographik und an eventuellen aufführungspraktischen Erkenntnissen der Musikwissenschaft vorbei. Die Orientierung für die Interpretation stammt aus der instrumentalen Spieltechnik oder den Sängergewohnheiten. Das gilt für sämtliche Musik, die im Konzertsaal oder im Opernhaus aufgeführt wird, für Bach, Haydn, Mozart, Beethoven, Schubert, Schumann, Chopin, Liszt, Brahms. Die Distanz zum Willen des Komponisten wird umso kleiner, je näher wir über Augen- oder Ohrenzeugen noch mit ihm verbunden sind –, etwa seit dem Beginn unseres Jahrhunderts, spätestens aber, seitdem es mechanische oder elektrische Aufzeichnungen gibt, nimmt sie rapide ab.

Die Wiederentdeckung historischer Instrumente hat zwar den Musizierstil etwas beeinflußt, nach wie vor aber ist die heutige Vorstellung von instrumentaler Perfektion im Konzert, auf den Schallplatten und natürlich in der Ausbildung beherrschend. Das ist zu wenig.

Für mich ist der Vorhang vor der Vergangenheit auseinandergeflogen, seit ich mich der Musik der Klassik mit der Frage nach ihrem Tempo nähere.

Das bedeutet zum Beispiel für die a Moll-Sonate von Mozart:

Über dem ersten Satz der Sonate steht als Tempobezeichnung »Allegro maestoso« im ₵-Takt. Für uns heute heißt »allegro« schnell, und zwar so schnell, daß Musiker schon fast unter Strom stehen, wenn sie diese Tempoangabe lesen. In einem musikalischen Lexikon der Mozart-Zeit – jenem von Heinrich Christoph Koch[9] – liest man die Angabe: »Allegro, hurtig ist eine bekannte Überschrift solcher Tonstücke, die in einem mäßig geschwinden Zeitmaße vorgetragen werden sollen...« Das »Allegro maestoso« übersetzt Koch mit »erhabenes« Allegro oder Allegro »mit Würde«, in dem »die Noten mit markichtem Tone, und mit Nachdruck und Accentuierung vorgetragen werden müssen.« Allein das weist schon auf ein ziemlich langsames Tempo hin. Dazu kommt, daß die Taktvorzeichnung ₵ verlangte, daß jede Zählzeit, nämlich jedes Viertel, geschlagen werden mußte; und »schlagen« oder »taktieren« bedeutete, daß jeweils mit der Hand, dem Geigenbogen oder einem Stock herunter geschlagen und der Arm wieder hochgehoben wurde. Auf den Wert der Viertelnote bezogen heißt das, daß in jeder Note die Abwärts-aufwärts-Bewegung ausgeführt, im Grunde also die Achtel markiert wurden. Die stehen in der a Moll-Sonate von Mozart in der linken Hand. Eine weitere Regel der damaligen Zeit wollte, daß in dieser Zweihebigkeit die damals schon sehr alte Betonung von schwer und leicht, von Thesis und Arsis, hörbar sein müsse. Deshalb müssen die Achtel der linken Hand betont-unbetont ausgeführt werden. Wie schnell? Da dürfte das Wort »maestoso« helfen: »erhaben« oder »mit Würde«, wie Koch in seinem Lexikon schreibt.

Ich habe mich – nach langem Ausprobieren – bei diesen Achteln auf ♪ = 108–112 eingespielt. Dabei haben mich noch andere Erwägungen geleitet: Die vielen Sechzehntelnoten dieses Stückes bewirken ein »langsames« Allegro, weil solche, wie wir heute sagen, »Läufe« vor der Entwicklung der Virtuosität im 19. Jahrhundert nicht so schnell gespielt wurden wie später. Sie wurden sogar in leichtem Leggiero – jeder Ton für sich, einer vom anderen getrennt – gespielt; sie sollten auch nicht mechanisch, später sagte man »gleichmäßig«, klingen sondern gegliedert sein; jeweils die erste Note der Sechzehntel-Vierergruppen wurde leicht betont, jedoch nicht als Knallton gegeben, sondern mit einer kleinen Verlängerung etwas angesungen.

Betrachtet man die rechte Hand, so erkennt man neben der depressiv abfallenden Melodielinie leicht den typischen Trauermarsch-Rhythmus mit den zahlreichen Punktierungen. Man findet ihn in den Trauermärschen Beethovens wieder (Klaviersonate op. 26 oder *Eroica*), aber auch noch im Trauermarsch der Sonate in b Moll von Chopin.

Diese Punktierungen wurden schärfer ausgeführt, als es das Notenbild zeigt, nämlich so, als stünden zwei Punkte da. Mozarts Vater Leopold, der seinen Sohn immerhin selber in die Theorie der Musik eingeführt hat, fordert in seiner Violinschule, daß solche Punktierungen schärfer ausgeführt werden müßten, als sie anzuzeigen scheinen, weil es sonst »schläfrig« klingen würde. Eine solche Interpretation war damals aber auch im »maestoso«-Ton üblich, außerdem in der französischen Musik weit verbreitet. Man sollte nicht vergessen, daß Mozart diese Sonate in Paris komponiert hat. Der Vater schrieb ihm schon vor der Reise nach Paris: »Jedermann hat recht daß Deine Composition in Paris sehr gefahlen wird: und Du selbst /: wie ich :/ bist überzeugt, daß Du alle Compositionsarten nachzuahmen im Stande bist.« (16. Februar 1778)

Und Wolfgang selber: »... Das ist gewis das mir gar nicht bang wäre, den ich kan so ziemlich, wie sie wissen, alle art und stayl von Compositions anehmen und nachahmen.« (7. Februar 1778)

Daß es sich bei dieser Sonate inhaltlich um schwere Musik handelt, wird endgültig deutlich bei den scharfen Dissonanzen in der Durchführung des ersten Satzes (ab Takt 59) Dissonanzen wurden durch ein kurzes Verweilen hervorgehoben.

Alle Einzelheiten, die ich für diese Ausführung aufgezählt habe, waren der damaligen Zeit selbstverständlich; uns sind sie nach 200 Jahren entfallen, es sind »Vergessene Traditionen«, wie Fritz Rothschild[10] sie nennt. Wenn man sie beim Spielen befolgt, ersteht eine völlig andere Musik – im Fall der a Moll-Sonate eine Trauermusik, die eine Marcia funebre sein könnte oder auch eine Beerdigungsmusik, wie sie im Barock gang und gäbe war und von allen großen Komponisten verfaßt wurde.[11] Typisch für diese Musik sind scharfe Punktierungen.

Die Trauermusik jener Zeit ist jedoch anders, als sie von den Interpreten und den Zuhörern erwartet wird und als sie in der nachromantischen Zeit gewiß ausgefallen wäre. Selbst Hildesheimer spart nicht mit Ironie:

»Wir werden dazu angehalten, den Blick auf ›Wolfgang Amadeus‹ zu richten, wie er, übermannt von einem plötzlichen tiefen Schmerz, die Straßen von Paris durcheilt, um sich, zu Hause angekommen, über den Arbeitstisch zu werfen; um in einer tiefen Aufwallung, wahrscheinlich in chaotischer Verfassung, diese Noten niederzuschreiben (deren Schriftbild einer solchen Sicht übrigens widerspricht.)«[12]

So eben nicht! Solche Art von Bekenntnismusik hat Mozart nie geschrieben, sie existierte zu seiner Zeit noch gar nicht. Und doch gibt es keinen Zweifel daran, daß wir in dieser Sonate Trauermusik vor uns haben. Sie ist jedoch keine Programmusik, wie sie in der zweiten Hälfte des vorigen Jahrhunderts zustande gekommen wäre. Mozart war kein Richard Strauß. Er stand vielmehr in der Tradition der Affektenlehre. Philipp Emanuel Bach fordert in seiner Klavierschule sehr deutlich, daß der Komponist und der Spieler den Affekt, der ausgedrückt werden soll, sehr genau kennen und darstellen muß, damit der Hörer ihn auch empfinden kann. Daraus erwächst eine »objektive« Trauermusik, die gleichwohl von persönlicher Emotion getragen ist. Das ist in keiner heutigen Interpretation Mozarts zu erkennen. Das schnelle Tempo verhindert dergleichen – es liegt allgemein bei der doppelten der von mir ausprobierten Geschwindigkeit. Dabei macht man sich durchaus Gedanken und Skrupel. Ich schlage im Mozart-Führer von Arnold Werner-Jensen von 1989 nach:

»Für den Kopfsatz ist der Zusatz ›maestoso‹ zum ›Allegro‹ ungemein wichtig, denn er verleiht der Interpretation das nötige Gewicht und sollte äußerlich-unverbindliche Geläufigkeit aus der Musik verbannen. Das ist vor allem angesichts der pausenlosen Sechzehntel-Motorik wichtig, die sich bereits am Ende des Hauptsatzes ankündigt und dann bis zum Ende der Exposition nicht abreißt.«[13]

Wie macht man das?

Wie kann man »äußerlich-unverbindliche Geläufigkeit« umgehen, wenn man das heutige Tempo spielt? Wenn man die vergessenen Spielgepflogenheiten nicht berücksichtigt, anscheinend nichts von ihnen weiß? Man weiß etwas von Instrumentaltechnik, kennt vielleicht den Klang des Hammerflügels, und selbst wenn man außerdem noch die biographischen Bezüge diskutiert, hat das keine Auswirkung auf die Interpretation. Das schnelle Tempo schluckt alle Inhalte.

Zum zweiten Satz der a Moll-Sonate lese ich in meinem Mozart-Führer: »In der unerwartet großen Unterterz F Dur steht dann das ›Andante cantabile‹… Die Durchführung wendet sich zunächst fast abgeklärt nach C Dur, verdunkelt sich jedoch unversehens nach c Moll und steigert sich alsbald in eine geradezu schmerzliche Hochspannung…«[14]

Ist das denn Bekenntnismusik? Auf den Tod der Mutter? Die überraschende Wahl von F Dur für das Andante cantabile con espressione ist mir Anlaß genug nachzusehen, welcher Charakter der Tonart in der damaligen Zeit zugeschrieben wurde. Bei Mattheson finde ich: ›F Dur ist capable die schönsten Sentiments von der Welt zu exprimieren, es sey nun Großmuth, Standhafftigkeit, Liebe, oder was sonst in den Tugend-Registern oben an steht, und solches alles mit einer dermaßen natürlichen Art und unvergleichlichen Facilité, daß gar kein Zwang dabey vonnöthen ist. Ja die Artigkeit und Adresse dieses Tohnes ist nicht besser zu beschreiben, als in Vergleichung mit einem hübschen Menschen, dem alles was er thut, es sey so gering es immer wolle, perfekt gut anstehet, und der, wie die Franzosen reden, bonne grace hat.‹«[15]

Ist das ein musikalisches Bild der Mutter?

Sehen wir auch noch nach, was es mit dem dunklen c Moll des Mittelteils auf sich hat. Mattheson schreibt: ›C Moll ist ein überaus lieblicher dabey auch trister Tohn…‹ Dieses c Moll kommt im Andante nur einen Takt lang vor, zum Anfang der dissonanzenreichen Stelle, wo piano und forte so dicht miteinander abwechseln wie Hoffnung – oder Sehnsucht – und Enttäuschung. Die Tonart ändert sich in jedem Takt.

Betrifft das die Mutter?

Am 30. Juli 1778, also am Tage bevor er den Krankheitsbericht an seinen Vater schickte, schrieb Mozart einen Brief an Aloysia Weber, in dem folgende Sätze stehen:

»... wirklich glücklich wird meine Lage und mein Zustand erst an dem Tage sein, an dem ich das höchste Vergnügen haben werde, Sie wiederzusehen und von ganzem Herzen zu umarmen, das ist auch alles, was ich mir erhoffen und begehren darf. Nur in diesem Gedanken und in dieser Hoffnung finde ich Trost und Ruhe. Ich bitte Sie, mir oft zu schreiben, Sie können sich nicht vorstellen, wieviel Freude mir Ihre Briefe machen...«

Die noch nicht abgebrochene Verbindung Wolfgangs zu Aloysia Weber machte Leopold Mozart große Sorgen und belastete sein Einvernehmen mit dem Sohn. Außerdem legte er dem Sohn den Tod seiner Frau zur Last.

Und wenn der zweite Satz der a Moll-Sonate *keine* Trauermusik wäre, wenn das F Dur sich auf Aloysia bezöge? Was spricht dafür? Ganz einfach der Charakter eines Andante in der damaligen Zeit. Es war fließender, als wir es heute spielen, es war kein Gefäß für eine Totenklage, wie etwa ein Molto Adagio oder ein Largo. Leopold Mozart definiert in seiner Violinschule das Andante als ein Stück, »dem man seinen natürlichen Gang lassen« müsse. Die Italiener verstehen unter dem »stile andante« einen leichten, ungekünstelten Stil. Wozu noch bedacht werden muß, daß das Wiener Andante schneller war als das an anderen Orten.

Zu Mozarts Zeit gab es das Metronom noch nicht, Johann Nepomuk Maelzel präsentierte es der musikalischen Welt erst 1815. Doch zwei Musiker haben in der Mitte des 19. Jahrhunderts Metronomzahlen für die Klavier- und Violinsonaten Mozarts aufgeschrieben, die zwar 60 bis 70 Jahre Abstand zu Mozarts Lebzeit haben, jedoch die zeitlich nächsten sind, die wir besitzen; deshalb ist es nützlich, sie oft zu konsultieren. Sie stammen von Carl Czerny und Ignaz Moscheles.[16] Beide tragen der Tatsache des »gehenden« Andante Rechnung und schreiben ein überraschend schnelles Tempo vor: Czerny wie Moscheles ♪ = 88. Wenn man das spielt, kutschiert man das Andante an der Trauermusik vorbei, und im von Dissonanzen und Lautstärken bewegten Mittelteil sind wir vielleicht näher bei Clärchens Lied in Goethes Egmont: ›... langen und bangen in schwebender Pein, himmelhoch jauchzend zu Tode betrübt, glücklich allein ist die Seele, die liebt...‹ als bei einem Klagegesang.

Der dritte Satz ist mit »Presto« überschrieben und veranlaßt deshalb die meisten Pianisten, zu zeigen, was sie können. Auch dazu gibt es Metronomzahlen: Czerny schreibt ♩ = 80, Moscheles ♩ = 88. Aufgrund der Tempotheorie von Willem Retze Talsma[17] wissen wir, daß wir solche Zahlen heute falsch verstehen, wenn wir bei der Einstellung 80 oder 88 auf der Metronomskala jedes Ticken auf den Wert einer halben Note beziehen. Talsma hat entdeckt, daß zur Zeit der Klassik und Romantik unter einem Metronomschlag ein Hin- und Zurück des Metronompendels verstanden wurde, als Synonym für die Bewegung der Hand eines Taktschlägers mit ihrem abwärtsschlagen und wieder hochheben. Wenn wir das berücksichtigen, müssen wir also das Metronom bei der Einstellung 80 oder 88 zweimal ticken lassen, es schlägt dann die Viertel.

Wenn man das spielt, wird deutlich, daß der ganze Satz nur aus Seufzern besteht, und zwar ist jeder Takt mit einem einzigen großen Seufzer ausgefüllt. Fragen wir nicht, um wen der junge Mozart seufzte, auf wen sich die besondere Wehmut im A Dur-Mittelteil bezieht. Es ist sehr gut denkbar, daß der unglücklich verliebte Sohn ebensoviel an Aloysia wie an die Mutter dachte; er spricht auch von ihr in jedem Brief an den Vater.

Ich habe diese Sonate oft in der skizzierten Weise gespielt. Die Reaktion war Verblüffung, oft Ablehnung, vor allem den ersten und den letzten Satz betreffend. Das sei kein Mozart mehr. »Aber doch Trauermusik«, verteidigte ich mich. Bei solcher Gelegenheit tritt die Schizophrenie der heutigen Interpreten hervor: Sie stellen zwar die Frage nach der Beziehung dieser Sonate zum Tod der Mutter des Komponisten, spielen aber ein elegantes, virtuoses Klavierstück, weil die Spieltechnik und die Interpretationsschablonen es so wollen. Sie würden auch kaum wissen, wie man das ändern könnte, denn zur Reduktion des Tempos sind sie zu allerletzt bereit. Die ganzen Diskussionen spielen sich außerhalb des realen Klangbildes ab, sie sind damit Spiegelfechtereien.

...FÜHLST DU NICHT DER LIEBE SEHNEN...
(Die Zauberflöte, Arie der Pamina:»Ach, ich fühl's...

Die Sinfonie in g Moll (K. V. 550) gilt als Mozarts düsterste Musik. Das erfährt man aus jedem Konzertführer.

Hans Renner in Reclams Konzertführer:»Nirgends bei Mozart und auch in der sonstigen Literatur nicht oft findet sich ein Gegenstück, in welchem mit solch geradezu unheimlicher Ausschließlichkeit schmerzlichen Empfindungen Ausdruck gegeben ist.«[18]

Oder Otto Schumann in Meyers Konzertführer:»In der G Moll-Sinfonie überläßt sich Mozart, der sonst so schamhaft sein inneres Leid verschweigt, ganz seinen leidenschaftlichen Stimmungen, seinem scheuen Trotz und seinem aufbegehrenden Willen. Und wenn er einmal scherzt, dann geschieht es mit einem so wehen Lächeln, daß man sein Herz stillstehen fühlt.«[19]

Die Biographen standen nicht zurück. Bernhard Paumgartner schreibt dazu:»Tragischer Pessimismus verströmt in allen Sätzen dieser Symphonie (K. V. 550), vollends bis zum letzten Atemzuge im lodernden Brande des Finales. Selbst aus der Wehmut des Andante leuchtet dieselbe Flamme, nur zu dunklerem Zwielicht, zu milderem Leide gedämpft... Hatte das ›singende Allegro‹ Christian Bachs... im Hauptgedanken der Es Dur-Symphonie seine innigste Verklärung erlebt, so verlieh ihm die Klage der g Moll-Symphonie die Feuertaufe des Leids.«[20]

Sie glauben auch alle zu wissen, warum gerade diese Sinfonie so düster ist: wegen des biographischen Hintergrunds – wie im Fall der Klaviersonate K. V. 310. Bei Ludwig Schiedermair kann man dazu lesen:

»Von der ›sorgloseren und freieren‹ Stimmung, die in Mozart nach dem Umzug in den Alsergrund gegenüber den Ausläufern des Wiener Waldes eingekehrt war, wurde die Es Dur-Sinfonie berührt, von den ›oft so schwarzen Gedanken‹, die ihn dann schon bald wieder häufig heimsuchten, die G Moll-Sinfonie überschattet. Und nach der G Moll-Sinfonie verrät die letzte in C Dur Mozarts Kraft, sich als Künstler der Fesseln zu entledigen, die ihn an die Niederungen des menschlichen Daseins banden, und sich von jener errungenen Ruhe und Heiterkeit tragen zu lassen, die ihn über die Bitternisse und Enttäuschungen des Lebens hinausheben.«[21]

Das sind die Vorstellungen, die wir heute alle bereits mitbringen, wenn es zu einer Begegnung mit Mozart und seiner g Moll-Sinfonie kommt. Ist daran etwas »inspektionsreif«?

Die Konzertführer und die Biographen schlagen sich mit Inkongruenzen herum. Reclams Konzertführer zum ersten Satz: »In erschütternden Wendungen, deren klangliche und kontrapunktische Kühnheit weit über das an Mozart Gewohnte hinausgeht, versucht der Meister vergeblich, sich freizukämpfen. In stiller Resignation wird die Reprise erreicht, die gleichfalls keine freundlicheren Ausblicke erbringt. Man lasse sich durch die geheimnisvolle Anmut der Gedanken, durch die gleichsam schwebende Gelöstheit des Rhythmus nicht über die tragische Grundstimmung dieser Musik hinwegtäuschen.«[22]

Warum nicht? hat man Lust zu fragen. Antwort: Weil Tragik, Resignation und Kampf die Inhalte sind, die seit Beethoven die Symphonik füllen, oder füllen müssen, wenn die Musik etwas wert sein soll.

Endgültig ratlos steht mein Konzertführer vor der Es Dur-Sinfonie, die nur vier Wochen früher als die g Moll-Sinfonie das Licht der Welt erblickte:

»Das Finale (der Es Dur-Sinfonie) wird zum hinreißenden, wirbelnden Kehraus. Witz, Humor, Übermut und strahlende Laune geben sich in ihm ein Fest... Nichts zeugt davon, daß Mozart diesen Satz, dieses Werk inmitten wirtschaftlicher Not und menschlicher Enttäuschungen entwarf.«[23]

Auch der Mozart-Führer von Werner-Jensen weiß da nicht weiter: »Und doch kann gerade bei dieser Symphonie (g-Moll) bei aller vorbeugenden Behutsamkeit, kein Zweifel daran bestehen, daß ihre Grundstimmung düster, traurig, ja: streckenweise tragisch zu nennen ist. Da man gleichzeitig aus Mozarts Biographie weiß, daß er diese Musik in der bedrängtesten, ausweglosesten Phase seines Lebens niederschrieb, liegt der Schluß nahe, daß er sich damit sein Leid ›von der Seele schrieb‹, daß ihre Aussage biographisch sein muß. Nur: wie konnte es dann, in gleicher Lage, einen Monat zuvor zu einem so lichten Werk wie der Es Dur-Symphonie kommen und bald danach zur strahlenden ›Jupiter-Symphonie‹?«[24]

Was stimmt hier nicht? Was muß revidiert werden?

Die biographischen Fakten sind bereits richtiggestellt worden: Volkmar Braunbehrens hat auf 450 Seiten ausgeführt, daß Mozart in Wien weder in wirtschaftlicher Hoffnungslosigkeit – trotz seiner Schulden – noch in Isolation lebte. »Mozart hier, Mozart da, getragen von einer Welle der Sympathie aus allen Schichten...«[25] Der Verfasser wendet

Mozarts Wiener Honorar für »Don Giovanni«; aus den Rechnungsbüchern der K.k. Hoftheatral-Direktion

sich gegen »das überlieferte Mozart-Klischee vom verarmten und im Stich gelassenen Künstler«.[26]

Verbunden mit der Sage, daß Salieri Mozarts Tod veranlaßt habe, ist dieses Klischee auch die Basis für das Theaterstück und den Film *Amadeus*. Dazu schreibt Braunbehrens: »... vor einigen Jahren hat Peter Shaffer – unbeschadet des fehlenden Wahrheitsgehalts – die eminent theaterwirksame Bedeutung dieses Stoffes erkannt und genial genutzt. Kommt immerhin bei einem solchen Theaterstück, das ja erfolgreich um die ganze Welt läuft, niemand darauf, die Bühnenfiktion für historische Wahrheit zu nehmen, so ist Miloš Formans Filmversion des Stükkes trügerischer, zumal, wenn ›Originalschauplätze‹ suggeriert werden. Wer diesen Film gesehen hat, mag sich nur ungern eingestehen, daß kein Wort, kein Bild, kein Schauplatz, geschweige die Art und Weise des Benehmens und Verhaltens der Personen dieses Films irgend etwas mit historischer Wahrheit zu tun haben.«[27]

Braunbehrens ermittelt auch, daß die drei Sinfonien (Es Dur, g Moll und C Dur) aller Wahrscheinlichkeit nach aufgeführt worden sind, was von den Biographen und den Konzertführern bisher verneint wurde.[28]

Auf den Begleittexten der Schallplatten wird die g Moll-Sinfonie ähnlich beurteilt wie von den Biographen und den Konzertführern, und die Dirigenten führen diese Sinfonie selbstverständlich als tragisches Stück auf. Sie orientieren sich dabei besonders an der Molltonart, speziell am g Moll. Schlagen wir also nach, welcher Charakter der Tonart g Moll in der damaligen Zeit zugeschrieben wurde. Mattheson schreibt: »G-Moll ist fast der allerschönste Tohn, weil er nicht nur die dem vorigen [G Dur] anhängende ziemliche Ernsthafftigkeit mit einer munteren Lieblichkeit vermischet, sondern eine ungemeine Anmuth und Gefälligkeit mit sich führet, dadurch er so wol zu zärtlichen, als erquickenden, so wol zu sehnenden als vergnügten, mit kurtzen beydes zu mäßigen Klagen und temperierter Frölichkeit bequem und überaus flexible ist.«[29]

Offenbar hören Kommentatoren und Dirigenten diesen Charakter von g Moll nicht mehr, sonst könnten sie nicht so ausschließlich auf den »tragischen Pessimismus«[20] und die »schwarzen Gedanken«[21] hinweisen und versuchen, diese höhrbar zu machen. Der Grund dafür ist: Diese Sinfonie *soll* so klingen, wegen des vermeintlichen biographischen Hintergrunds und weil eine Sinfonie, besonders in Moll, solche Inhalte haben muß, nach allem, was das 19. Jahrhundert in der Musik gebracht hat. Die Dirigenten erreichen diesen pathetisch-tragischen Charakter, indem sie ein »leidenschaftliches«, das heißt »schnelles« Tempo angeben. Mozarts Tempovorschrift scheint das zu verlangen: Molto allegro und ₵.

Wie schnell ist das?

Seit etwa dreißig Jahren weiß man das ziemlich genau; es sind nämlich Metronomzahlen zu den sechs letzten Sinfonien von Mozart wiedergefunden worden. Sie stammen von Mozarts Schüler Johann Nepomuk Hummel (1778–1837). Der war als Kind zwei Jahre bei Mozart gewesen; Mozart hatte den begabten Jungen spontan als Schüler angenommen, nachdem er ihm vorgespielt hatte. Er unterrichtete ihn sogar kostenlos und nahm ihn in sein Haus auf. Wie der Biograph Hummels berichtet, wurde der Siebenjährige »wie ein Kind im Hause gehalten. Er hatte alles so bequem und gut, wie's halt möglich war: der Wolfgang nahm sich seiner wie ein Vater an und die Constanze sorgte für ihn wie eine Mutter.«[30] Das muß in den Jahren 1785–87 gewesen sein, als die Mozarts in dem geräumigen und komfortablen Camesina-Haus direkt hinter dem Stephansdom (heute Mozart-Gedenkstätte) wohnten. Mozart arbeitete damals am *Figaro*. Hummel verließ ihn allerdings schon vor der Komposition der drei Sinfonien von 1788, zu denen auch die g Moll-Sinfonie gehört.

Hummel fühlte sich jedoch zeitlebens als Schüler und Nachlaßverwalter von Mozart. Dreißig Jahre nach dessen Tod (1823) gab er die vier letzten Sinfonien zusammen mit der *Haffner* und der *Linzer* Sinfonie in Bearbeitung für Klavier, Flöte, Violine und Violoncello heraus. Er hatte die Werke des verehrten Meisters also für das häusliche Musizieren eingerichtet. Das machte man in der damaligen Zeit, und noch das ganze 19. Jahrhundert hindurch, mit vielen Sinfonien, Opern, Tänzen und Liedern; ohne solche Bearbeitungen hätten die Musikliebhaber diese Musik nur im Konzert hören können. Das änderte sich erst, als in unserem Jahrhundert die Schallplatte es möglich machte, nach Belieben jede Musik zu hören, wann immer man will.

Als solche Bearbeitungen wären Hummels Ausgaben der Mozart-Sinfonien nicht weiter erwähnenswert, wenn sie nicht neben den Tempoangaben – wie allegro, andante und andere – Zahlen für das Mälzelsche Metronom, die damals brandneue Taktmaschine, enthielten. Diese Zahlen vermitteln uns Kenntnis von den Tempovorstellungen der damaligen Zeit.

Hummel hatte Johann Nepomuk Mälzel vor der Präsentation des Metronoms 1813/14 in Wien kennengelernt. Sie wirkten beide mit bei der Aufführung von Beethovens Schlachtentableau *Wellington's Sieg, oder die Schlacht bei Victoria*: Mälzel war durch sein Panharmonium vertreten und Hummel schlug die Pauke.

In Hummels Bearbeitung der g Moll-Sinfonie von Mozart steht für den ersten Satz die Tempoangabe: »Molto allegro C ♩ = 108.« Robert Münster, der Wiederentdecker dieser Metronomzahlen,[31] schreibt dazu: »Im Vergleich zu den heutigen Aufführungen erscheinen uns Hummels Tempi als sehr rasch bzw. vielfach zu schnell.« Münster stellt 1962, im Erscheinungsjahr seines Artikels über diese Hummelschen Metronomzahlen, die Aufführungstempi folgender Dirigenten aufgrund von Schallplattenaufnahmen zusammen: Toscanini, Klemperer, Krips, Paumgartner, Swoboda, Walter, Beecham, Böhm, Jochum, Schuricht, Goehr, Leitner, Ackermann, Kleiber, Keilberth, Karajan, Furtwängler, Fricsay, Talich, Ludwig, Kertesc, Richard Strauss, Kabasta. Das Ergebnis des Vergleichs ist unterschiedlich: Zur *Haffner*-Sinfonie werden laut Münster »in keinem Fall Hummels Tempi erreicht«, in der *Prager* Sinfonie »gelingen einigen Interpretationen Hummels Tempi in den Ecksätzen«, und im Fall der g Moll-Sinfonie »fallen vor allem die Tempoübereinstimmungen mit Hummels Zahlen für den ersten Satz auf«.

Furtwängler und Swoboda dirigieren ♩ = 108, also exakt die Zahl Hummels, Böhm ließ ♩ = 104–108 spielen, Richard Strauss und Keilberth ♩ = 104, Jochum war langsamer mit ♩ = 100. Ferenc Fricsay empfand die Musik als noch langsamer, nämlich ♩ = 84. Konsequenterweise müßte man sagen: Nur Furtwängler und Swoboda waren korrekt, so hat Mozart seine Musik haben wollen. Dieses Tempo ist allerdings sehr schnell, führt auch keineswegs zu der tragischen und düsteren Stimmung, die die Kommentatoren aus diesem Werk heraushören wollen.

Was dachte Mozart über »Geschwindigkeit«? In dem berühmten Brief vom 17. Januar 1778 beklagte er sich bei seinem Vater über das Prima-vista-Spiel des Abbé Vogler: »– viell zu geschwind... übrigens ist es auch viell leichter eine sache geschwind als langsam zu spielln... ist es aber schön?« Dagegen lobte er das Spiel von Aloysia: »... was mich am meisten wundert ist daß sie so gut Noten liest. stellen sie sich vor, sie hat meine schwern Sonaten langsam aber ohne eine Note zu fehlen Prima vista gespielt. ich will bey meiner Ehre meine Sonaten lieber von ihr als vom Vogler spiellen hören.« (4. Februar 1778, aus Mannheim an den Vater.)

Leopold Mozart urteilte über schnelles Tempo nicht anders; über die beiden Geiger Janitsch und Reicha, die in Salzburg ein Konzert gegeben hatten, schrieb er an seinen Sohn: »Sie spielen beyde recht schön, haben eine erstaunliche fertigkeit des Bogens, sichere Intonation, einen schönen Ton und die größte Expression... Ich bin halt kein Liebhaber von den erschreckl: Geschwindigkeiten, wo man nur kaum mit dem halben tone der Violine alles herausbringen, und so zu sagen mit dem Bogen kaum die Geige berühren und fast in den Lüften spielen muß. Dan fählt ihm gar sehr viel im Cantabile...« (29. Januar 1778)

Welches Lebenstempo hatten sie? Ein Brief ging von Salzburg nach Mannheim sechs, von Salzburg nach Paris neun Tage.

Und die Reise von Mannheim nach Paris:

»Mon Trés cher Pére. Paris le 24 di mars 1778 gestern Monntag den 23:[ten] nachmittag um 4 uhr sind wir gott lob und danck glücklich hier angekommen; wir sind also 9 täg und ½ auf der Reise gewesen. wir haben geglaubt wir können es nicht aushalten. ich hab mich mein lebetag niemahl so ennuirt.«

Und als Mozart 1789, im Jahr nach der Komposition der g Moll-Sinfonie, von Prag nach Wien fuhr, schrieb er während eines Aufenthaltes in Dresden an seine Frau: »... Wir glaubten Samstag nach Tisch in Dresden zu sein, kamen aber erst Sonntag um 6 Uhr abends an; so schlecht sind die Wege...«

Seine Musik wurde an seinem Willen vorbei immer schneller gespielt. Augen- und Ohrenzeugen bemerkten das. Der Wiener Korrespondent der *Allgemeinen Musikalischen Zeitung* (Leipzig) urteilte im Jahre 1807:

»Die Sucht, musikalische Werke immer geschwinder zu spielen, nimmt auch hier immer mehr Überhand, sodaß man sich einen Spaß und auch gar wohl ein Verdienst daraus macht, z. B. die Sonfonie heruntergestäubt zu haben. So wurde vor einiger Zeit ein Mozartsches Klavierkonzert gerade noch einmal so geschwind gespielt, als ich es selbst von Mozart vorgetragen hörte.«

Er urteilte nicht allein so, auch Georg Nikolaus Nissen, der dänische

Etatsrat, den Constanze nach Mozarts Tod heiratete und der mit ihr gemeinsam eine Biographie Mozarts«[32] verfaßte und seine Briefe herausgab, wetterte über seine musizierenden Zeitgenossen. Er zitierte F. Fr. Rochlitz: »Über nichts klagte Mozart heftiger als über ›Verhunzung‹ seiner Compositionen, hauptsächlich durch Übertreibung der Schnelligkeit des Tempo. ›Da glauben sie, hierdurch soll's feuriger werden; ja, wenn's Feuer nicht in der Composition steckt‹.«

Gerade die g Moll-Sinfonie bereitete offenbar auch im vorigen Jahrhundert schon Probleme. Anton Schindler, der Adlatus von Beethoven, berichtete von einer Probe am 10. Februar 1841 in Paris: »... Mozarts G-Moll Simphonie, die auf eine Weise abgejagt wurde, daß man sich darüber garnicht ärgern konnte, sondern nur lachen mußte...«[33]

Wie schnell mag das Pariser Orchester gespielt haben? Am Ende doppelt so schnell, wie Mozart die Sinfonie selber dirigierte, wie im Fall des Klavierkonzerts?

Die Metronomzahlen von Hummel für die g-Moll-Sinfonie sind ausnahmsweise realisierbar, während bei den meisten anderen Sinfonien von den genannten Dirigenten unseres Jahrhunderts »Hummels Tempi in keinem Fall« oder nur in »teilweiser Annäherung erreicht«[34] werden. Das schnelle Tempo für die g Moll-Sinfonie – obwohl spielbar – vereitelt nicht nur die angestrebte Düsterkeit und Tragik, sondern auch den Charakter der Tonart g Moll. Die »Vermischung aus ziemlicher Ernsthaftigkeit mit einer munteren Lieblichkeit«, von »mäßigen Klagen und temperierter Frölichkeit«, von »sehnender als vergnügter« Stimmung kann sich in einem sehr schnellen Tempo gar nicht entfalten. Das Sowohl-als-auch, weshalb »g Moll fast der allerschönste Ton ist«, wird durch Geschwindigkeit in nur eine einzige Ausdrucksrichtung gelenkt, ins simpel Temperamentvolle – die Zwischentönung kann sich nicht entwickeln. Um diese falsche Eindeutigkeit zu vermeiden, muß auch das Tempo zwischen schnell und mäßig liegen. Das ist sofort erreicht, wenn man die Zahl Hummels nicht »mathematisch«[17] versteht und auf jedem Metronomtick bei Einstellung 108 den Wert einer halben Note ausführt, sondern indem man die halbe Note als Zeichen für eine metrische Folge von zwei Elementen erkennt. Man versteht dann die Metronomangabe »metrisch« und läßt das Metronompendel sich in der Dauer der halben Note hin- und herbewegen.

Er schlägt also in der halben Note zweimal, wo man es heute nur einmal gewohnt ist; das Metronom tickt die Viertel, und das bedeutet, daß wir bei der halben Geschwindigkeit angekommen sind.

Das gibt es noch auf keiner Schallplatte. Wenn überhaupt ein Orchesterleiter bereit wäre, dieses Tempo seinen Musikern anzugeben, dann allenfalls der aus Überzeugung langsamste aller Dirigenten, Sergiu Celibidache – aber der lehnt es ab, Schallplatten zu machen.

Mich reizt es, dieses Tempo nach dem Klavierauszug zu spielen. Es ist frappierend, wie sich in diesem mittleren Tempo die Stimmung in der Schwebe hält, gerade so, wie es die Charakteristik von g Moll beschreibt. Dieser Zustand verstärkt sich, wenn man, was in der damaligen Zeit üblich war, das Taktmetrum leicht betont, also die erste und die dritte Zählzeit; dann tritt das ein, was einer meiner Konzertführer als die »gleichsam schwebende Gelöstheit des Rhythmus« und »die geheimnisvolle Anmut der Gedanken«[22] beschreibt, wovor er mich aber warnt, weil dies Täuschung sei angesichts der »tragischen Grundstimmung dieser Musik«. Dieser Kommentar erkennt zwar das Sowohl-als-auch, will es aber nicht wahrhaben, er will undifferenzierte Eindeutigkeit. Ganz kraß tritt diese Tendenz in der Beschreibung des ersten Satzes der g Moll-Sinfonie von Otto Schumann hervor:

»Atemlos, in schnellem Lauf hebt das Hauptthema des ersten Satzes an, schwingt sich endlich empor, sinkt jedoch dann um so nachdrücklicher wieder herab. Ein seufzender Anhang, einige heftige Sforzato-Schläge, willensbetonte Dreiklangs-Motive, – doch gibt es keine Hoffnung: selbst das Seitenthema mit seinem klagenden Schluß scheint zu versagen. Die Durchführung beginnt mit diesem Klage-Motiv, in das sich schon im zweiten Takt wieder das hastige Hauptthema mischt. Immer neue Anläufe, immer wilder die Sforzato-Schläge, immer wuchtiger das Dreiklangs-Motiv, aber Unruhe und Qual behalten die Oberhand.«[35]

So hat man wohl das ganze vorige Jahrhundert hindurch diesen Satz verstanden, und auch uns ist es heute noch nicht leicht, die Mozartsche Gesanglichkeit als klingendes Abbild voller, runder Menschlichkeit zu hören – wahrscheinlich weil uns auch im Leben diese »Vermischung« zugunsten des schmalen Entweder–Oder verloren gegangen ist.

Auch Wolfgang Hildesheimer schlägt sich mit dieser Bittersüßigkeit von g Moll herum und meint schließlich, man solle den uns entglittenen Bereich der Tonartencharakteristik aus der Diskussion heraus lassen. Ich denke aus zwei Gründen das Gegenteil: Zum einen war die Wahl der Tonart in der Mozart-Zeit[36] und sogar noch für Beethoven immens wichtig, um den gewünschten Charakter der Musik zu treffen, zum anderen kann uns andere Musik von Mozart in g Moll dazu verhelfen, den

Zauber dieser sehnsüchtig-vergnügten Seelenlage mitzufühlen, unter Umständen neu kennen zu lernen.

Da ist die Arie der Pamina aus der *Zauberflöte*, die für mein Empfinden genau diesen Ton trifft. Günstigerweise hilft der Text:

> Ach, ich fühl's, es ist verschwunden,
> Ewig hin der Liebe Glück,
> Nimmer kommt ihr Wonnestunden,
> Meinem Herzen mehr zurück.
> Sieh, Tamino, diese Tränen
> Fließen, Trauter, dir allein,
> Fühlst du nicht der Liebe Sehnen,
> So wird Ruh im Tode sein.

Diese Arie steht in g Moll, und wie in der Sinfonie wird hier gemeinhin der Inhalt als Hoffnungslosigkeit, sogar als Todessehnsucht verstanden und so auch meistens auf der Bühne vorgetragen. Wie in der Sinfonie gibt es auch hier einen Zusammenhang zwischen Tempo und Verständnis, allerdings mit umgekehrten Vorzeichen. Diese Arie wird nämlich meistens zu langsam gesungen, eben wegen der vermeintlich hoffnungslosen Lage Paminas – weil sie nicht mit Tamino sprechen darf. Offenbar empfand man das Tempo für diese Arie schon zu Anfang des vorigen Jahrhunderts als problematisch. Nissen schreibt dazu:

»Paminas Arie ›Ach ich fühl's, es ist verschwunden‹ etc. wird dem Publikum nicht selten langweilig, weil man das rechte Tempo verfehlt und das allerlangsamste Andante-Tempo fast Adagio nimmt; sie muß in einem Tempo von 6'' bis 7'' rhein. genommen werden. So nahm sie auch Mozart selbst, als er dirigierte.«

Der rheinische Zoll war eine der Metronommessung vorausgehende Art der Tempobestimmung. Sechs rheinische Zoll entsprachen einer Metronomzahl von 152. Auf die Achtel bezogen ergibt das ein ungemein schnelles Tempo; versteht man die Zahl aber wieder »metrisch«, das heißt halbiert, dann ergibt sich ein wunderbarer Andante-Takt von mindestens $\eighthnote = 76$. Allein dieses gehende Tempo bewahrt die Arie davor, zum Adagio zu werden, erklärt, daß Pamina nicht in Todessehnsucht verfallen ist, verströmt die Gefühlslage des »allerschönsten Tons« g Moll zwischen »sehnender und vergnügter« Stimmung. Nicht die Worte »so wird Ruh im Tode sein« waren das musikauslösende Element dieses Arientextes, sondern die Zeilen »Fühlst du nicht der Liebe Sehnen«. Dafür ist g Moll der »richtige Ton«.

Mir leuchtet das besonders ein, wenn ich berücksichtige, daß Mozart die Rolle der Pamina für die siebzehnjährige Anna Gottlieb komponiert hat. Das war keine Sängerin, die auch eine Wagner-Partie hätte bewältigen können. Nissen berichtet von ihr: »Ihr Gesang ist fließend und mehr unter Noten gelegte Deklamation.« Manche heutige Inszenierung der *Zauberflöte* scheint so wenig von diesen Zusammenhängen zu wissen, daß man die Arie der Pamina umstellt, nämlich vor das Finale setzt, damit sich keine »Langeweile« ausbreitet.

Betrachten wir auf der Suche nach dem Charakter dieser Tonart noch eine zweite Arie von Mozart in g Moll: Constanzes »Traurigkeit ward mir zum Loose« aus der *Entführung aus dem Serail*.

Recitativ: Welcher Wechsel herrscht in meiner Seele, seit dem Tag, da ich mein Glück verloren! O Belmonte! hin sind die Freuden, die ich sonst an deiner Seite kannte; banger Sehnsucht Leiden, wohnen nun dafür in der beklommenen Brust.

> *Arie:* Traurigkeit ward mir zum Loose,
> weil ich dir entrissen bin.
> Gleich der wurmzernagten Rose,
> gleich dem Gras im Wintermoose,
> welkt mein banges Leben hin.
> Selbst der Luft darf ich nicht sagen,
> meiner Seele bitter'n Schmerz,
> denn, unwillig ihn zu tragen,
> haucht sie alle meine Klagen
> wieder in mein armes Herz.

Diese Arie erhielt von Mozart die Tempovorschrift »Andante con moto«; doch auch sie wird meistens Adagio gesungen und bezieht sich damit auf die Textzeile »welkt mein banges Leben hin«, auch Constanze wird als sterbenswillig verstanden. Beherzigt die Sängerin aber das Andante con moto mit mindestens ♪ = 92, dann erkennt man, daß die Worte »banger Sehnsucht Leiden wohnen nun dafür in der beklommnen Brust« von Mozart als Grundstimmung aufgefaßt wurden, sonst hätte er nicht diese Tonart »zwischen den Empfindungen« gewählt, g Moll.

In der *Entführung* gibt es noch eine Gesangsnummer in g Moll, nämlich das »Lied« des Osmin, »Wer ein Liebchen hat gefunden«. Es ist ebenfalls mit der Tempoanweisung »Andante« (6/8) versehen. Meistens wird es als große schmerzvolle Arie gesungen, so daß Hildesheimer fragen kann: »Ist vielleicht Osmin eine zutiefst traurige Gestalt?«[37] Vom g Moll-Charakter her zu urteilen, muß man sagen: »nicht dramatisch-tragisch, aber etwas elegisch schon.« Die wichtigsten Worte scheinen zu sein, »und dann, Treue, gute Nacht«, man ahnt, daß Osmin betroffen ist, ohne daß er eine Bekenntnisarie schmettert; ein »Liedchen« singt er, halt melancholisch, nicht zu schwer, sondern Andante, ♪ = 90.

Man könnte die Untersuchung der Stimmungslage von g Moll bei Mozart noch an anderen Stücken dieser Tonart fortsetzen, an der g Moll-Sinfonie (K. V. 183), der sogenannten »kleinen« g Moll-Sinfonie, die er als Achtzehnjähriger komponiert hat, oder am g Moll-Streichquartett (K. V. 478).

Man kommt stets zu einem ähnlichen Ergebnis wie bei den genannten Arien: Es handelt sich um Musik, die in der Tonart, im Tempo und in der Stimmung Auseinanderliegendes in sich vereinigt, in der Schwebe hält, nicht in platte Eindeutigkeit auflöst. Eine gewaltlose Spannung, die nur wenige Menschen kennen, die noch weniger Musiker in Klang einzufangen vermögen. Mozart ist einer von ihnen; ich glaube, so etwas auch oft bei Schubert zu hören.

Mit solcherart sensibilisierten Ohren und Gemütern sollte man sich der »großen« g Moll-Sinfonie (K. V. 550) nähern, sollte sie, wenn möglich, selber aus dem Klavierauszug spielen – unter Umständen die Melodien des ersten Satzes nur mit einer Hand oder auf der Geige; auch ist es sehr genußvoll, sich die Musik einfach anders vorzustellen, wenn man sie gerade – von der Platte – schnell, tragisch, düster gehört hat.

Die Bekanntschaft mit den Arien führt uns auch zu einem richtigen Einschätzen des zweiten Satzes, des Andante. Meine Konzertführer bereiten wie gehabt auf jene Interpretationen vor, die man heute im Konzertsaal hören kann:

»Das schwermütige Andante-Thema wird durch das milde Licht rätselhafter Schönheit merkwürdig verklärt. Zwei weitere Themen gesellen sich zu ihm, sprunghaft das eine, lieblich das andere. 1. und 2. Thema werden in kunstvollster Weise miteinander verwoben. Doch der ausdrucksvolle, über alle Stimmen ausschwingende Gesang vermag keinen Augenblick die schwermütige Grundstimmung aufzuheben.«[38]

Wieso »schwermütig«? Der Verfasser hat den Satz sicher in einem zu schleppenden Tempo gehört, oder er stellt sich ein Andante zu unbewegt vor. Auch hier helfen die wiedergefundenen Metronomangaben von Hummel weiter: Er notierte für das Andante ♪ = 116. Keiner der von Münster zum Vergleich herangezogenen Dirigenten läßt dieses hohe Tempo spielen. Richard Strauss dirigiert ♪ = 96 (das sind auf der

Metronomskala fünf Striche weniger), Jochum geht auf ♪= 92–96, Karajan, Münchinger und Swoboda auf ♪= 92, Klemperer und Fricsay geben nur ♪= 76 an – das ist fast ein Drittel langsamer.

Münster wundert sich darüber, daß die Vergleichsdirigenten von 1962 in keinem Fall die hohen Tempi der sogenannten langsamen Sätze erreichen.[39] Das hat den einfachen Grund, daß im 19. und 20. Jahrhundert die Musiker nicht mehr wußten, daß Andante kein langsames Tempo bezeichnete. Nissen hat diese Tatsache schon vor etwa 170 Jahren anläßlich der Arie Paminas »Ach ich fühl's« kritisiert. Spielt man das Andante des zweiten Satzes der g Moll-Sinfonie – wie früher üblich – schnell, dann ergibt sich eine bewegte, von den Bratschen aus schwebend sich erhebende Musik von einer zauberhaften Grazie und Süße. Es ist eine Andante, wie es in den Theorien der damaligen Zeit beschrieben wurde: »Andante ist, vom Baß aufsteigend, die anmutig-natürliche Bewegung der Musik...«[40]

Spielt man dagegen den Satz sehr viel langsamer, dann verändert sich der Charakter der Musik, ihr Inhalt, sie wird »schwermütig«, wie es der Konzertführer ankündigt. Für Otto Schumann ist dieser Anfang sogar »tragisch«.[41]

Mich interessiert wieder die Tonart. Der Satz steht in Es Dur – »etwas abgelegen«, wie Arnold Werner-Jensen meint.[42] Schubart bezeichnet in seiner *Ästhetik der Tonkunst* Es Dur als die »Tonart der Liebe, der Andacht, des traulichen Gesprächs mit Gott.«[43] Tatsächlich verwendet Mozart diese Tonart für viele Arien oder Duette, in denen es um Liebe geht: »Bei Männern, welche Liebe fühlen« aus der *Zauberflöte*; die Arie des Cherubin aus dem *Figaro*, »Non so più cosa son« (»Ich weiß nicht, wo ich bin«); die berühmte Cavatine der Gräfin »Hör mein Fleh'n o Gott der Liebe«; Taminos Arie »Dies Bildnis ist bezaubernd schön« aus der *Zauberflöte*; Zerlinas »Wenn du fein artig bist« aus dem *Don Giovanni*. Im Andante der g Moll-Sinfonie gibt es zwei Anklänge an diese Arien: Gleich zu Anfang erklingt ein kleines Zitat aus Zerlinas Arie, wo es um das »Mittel« geht, das »Heilung« schafft (Mozart hatte den *Don Giovanni* im Jahr vor der g Moll-Sinfonie komponiert), und schon im fünften Takt spielen die Violinen ein Motiv, das zwei Jahre später in der *Zauberflöte* in Taminos »Bildnisarie« erscheinen wird, und zwar bei den Worten »Ich fühl es«. Diese Arie steht, wie erwähnt, ebenfalls in Es Dur.

Warum ist Es Dur für den zweiten Satz der Sinfonie »etwas abgelegen«? Es ist doch immerhin die Dur-Parallele zur Moll-Subdominante, die für einen zweiten Satz gefordert wird. Jedoch: Es Dur zu g Moll – wenn man sich vergegenwärtigt, daß diese Tonartenkombination in der Zauberflöte für das Liebespaar wieder vorkommen wird (Tamino: Es Dur – Pamina: g Moll), dann enthüllt sich noch eine andere Dramaturgie für eine Sinfonie, als die Formenlehre mit ihrer Tonartenfunktionalität sie verlangt. Es ergibt sich der Hinweis auf einen »Inhalt«.

Vergleiche man, was Otto Schumann aus diesem Satz herausgehört hat: »Durchaus tragisch beginnt das Andante. Das sind müde Regungen einer im Innersten verwundeten Seele. Die peinigende Sehnsucht nach einer helfenden Hand wird beredt: Zerlinas kleine Arie aus dem *Don Juan* klingt an: Wenn du fein fromm bist, will ich dir helfen, mehrfach durchsetzt mit der seufzenden Wendung ›Ich fühl es‹. Ansätze zu ruhigerer, festerer Haltung zerbrechen.«[44]

Was muß in 200 Jahren alles über eine solche Musik hinweggegangen sein, daß sie so gegensätzlich gehört werden kann. Wie müssen sich aber auch die Menschen verändert haben, wenn sie nach zwei Jahrhunderten Inhalte von damals nicht mehr zu erkennen vermögen.

Dritter Satz: Menuetto. Allegretto, ¾ Takt, g Moll. Hummel notierte als Tempo ♩. = 76. Keiner der von Münster zum Vergleich herangezogenen Dirigenten »erreicht« dieses Tempo. Münster faßt dann für alle sechs zur Rede stehenden Mozart-Sinfonien zusammen, daß »vor allem die auffallend raschen Tempi der Menuette in keiner der verglichenen Aufnahmen ganz oder auch nur annähernd erreicht«[45] werden. Da auch in anderen Sätzen als den Menuetten die Metronomzahlen Hummels oft sehr hoch, nach Münster »unausführbar« sind, macht sich Ratlosigkeit breit. Münster zieht den Schluß: »Die überwiegende Übereinstimmung der Zahlen Hummels mit denjenigen zu Beethovenschen Instrumentalwerken [von Beethoven selbst!] läßt den Schluß zu, daß Hummels Metronomisierungen der damaligen Wiener Aufführungspraxis entsprachen.«[46] Daraus wurde vielfach gefolgert, daß damals sehr schnell gespielt wurde. Immerhin: in manchen Fällen schneller, als es uns heute möglich ist. Das ist schwer glaubhaft; und es ist besonders zu bezweifeln, wenn man bedenkt, wie wenig damals für eine Uraufführung geprobt wurde. Mozart selber berichtete aus Paris von der Aufführung seiner *Pariser* Sinfonie: (3. Juli 1778)

»Ich habe eine sinfonie, um das Concert spirituel zu eröfnen, machen müssen. an frohnleichnams-Tag wurde sie mit allem aplauso aufgeführt; Es ist auch so viell ich höre, in Couriere de L'europe eine meldung davon geschehen. – sie hat also ausnehmend gefallen. bey der Prob war es mir sehr bange, denn ich habe mein lebe-Tag nichts schlechters gehört; sie können sich nicht vorstellen, wie sie die Sinfonie 2 mahl nacheinander herunter gehudelt, und herunter gekrazet haben. – mir war wahrlich ganz bang – ich hätte sie gerne noch einmahl Probirt, aber weil man allzeit so viell sachen Probirt, so war keine zeit mehr; ich muste also mit bangen herzen, und mit unzufriedenen und zornigen gemüth ins bette gehen. den andern tage hatte ich mich entschlossen gar nicht ins Concert zu gehen; es wurde aber abends gut wetter, und ich entschlosse mich endlich mit den vorsaz, daß wenn es so schlecht gieng, wie bey der Prob, ich gewis aufs orchestre gehen werde, und den H: Lahousè *Ersten violin* die violin aus der hand nehmen, und selbst dirigirn werde. ich batt *gott* um die gnade daß es gut gehen möchte indemm alles zu seiner grösten Ehre und glory ist, und Ecce, die Sinfonie fieng an, Raff stunde neben meiner, und gleich mitten in Ersten Allegro, war eine Pasage die ich wohl wuste daß sie gefallen müste, alle zuhörer wurden davon hingerissen – und war ein grosses applaudißement –« 2

Selbst Opernaufführungen gingen durchweg ohne Proben ab. Mozart schrieb aus Wien von der Aufführung der *Entführung*: »... und sagte gleich – daß ich die opera nicht geben lasse ohne vorher eine kleine Probe /: für die Sänger :/ zu machen. –« (20. Juli 1782 an den Vater)

Die Musiker spielten zudem aus handgeschriebenen Noten, deren Tinte oft noch naß war. Sollten sie ein Menuett, das auch noch mit »Allegretto« überschrieben war, in dem von Hummel überlieferten Tempo $\decimal{.} = 76$, das heißt $\quarternote = 228$ gespielt haben? Wie erwähnt: die Gewährsdirigenten von Münster tun es allesamt nicht, sie bleiben sogar erheblich darunter: Richard Strauss als der Schnellste $\decimal{.} = 56$, Keilberth $\decimal{.} = 52$, Klemperer $\decimal{.} = 50$–52, Bruno Walter $\decimal{.} = 46$, und als der Langsamste Karl Böhm $\decimal{.} = 42$–44. Er ist damit am nächsten an der metrischen Auffassung der Hummelschen Metronomzahl $\decimal{.} = 38$. Ich glaube nicht, daß Böhm die Theorie vom metrischen Verständnis der Metronomzahlen gekannt hat, aber ich halte es für sehr möglich, daß er, der geborene und überzeugte Österreicher, noch eine Beziehung zum getanzten Menuett hatte, und daß er als Mozart-Spezialist natürlich wußte, daß Mozart ein leidenschaftlicher und hervorragender Tänzer war und dieses Wissen bei seinem Tempo für das Menuett der g Moll-Sinfonie berücksichtigt hat; trotzdem, oder eher: begreiflicherweise, landet auch Böhm – 1962, also 170 Jahre nach Mozarts Tod – immer noch bei einem höheren Tempo, als es aus der Mozartpraxis von Hummel überliefert wird, sofern man dessen Angaben metrisch liest.

Das Menuett der g Moll-Sinfonie hat vom ersten zum zweiten, vom vierten zum fünften und vom siebenten zum achten Takt übergebundene Noten, Synkopen, die dem Satz seinen besonderen Reiz geben. Sie werden von meinen Konzertführern unterschiedlich bewertet. Otto Schumann: »Das Menuett ist erfüllt von kämpferischen Spannungen: kein Tanz mehr, nein, ein unverhülltes Drohen erhebt seine Stimme in dem Thema und seinem knirschenden Anhang.«[47] Um diesen Charakter zu erzeugen, muß man schon ein »kämpferisches« Tempo vorlegen.

Hans Renner: »Das Menuett ist das schroffste, das Mozart schrieb. Wie weggeblasen der Mummenschanz höfischer Geselligkeit. Verweht alle Verspieltheit des galanten Rokoko. Das Thema läßt keinen Hauch des Geistes verspüren, der sonst in den tänzerisch beschwingten Menuetts zu Hause ist. Einziger Lichtblick: der liebliche Terzenschleifer des waldhornseligen Trios. Doch der spukhafte Dreher erstickt seinen freundlichen Schimmer bald und gründlich.«[48]

Werner-Jensen schließlich nennt das Menuettthema »störrisch«, weil es »synkopisch den Dreiertakt überlagert«.[49]

Keiner dieser Kommentatoren hat offenbar gelesen, daß die Zusammenfassung von zwei Takten – in diesem Fall durch die Bindungen über den Taktstrich hinweg – zum Merkmal eines besonderen Typs des Menuetts gehörte: Auf zwei Takte wurden vier Schritte verteilt, der zweite Schritt ging über den Taktstrich hinweg. Eine ausführliche Darstellung gab der deutsche Tanzmeister G. Taubert in seinem voluminösen Band *Der rechtschaffene Tanzmeister* von 1717.

Bei dieser Gelegenheit zeigt sich mir einmal mehr besonders deutlich, daß es den zitierten Kommentatoren kaum darum geht, ein Musikstück, in diesem Fall das Menuett der g Moll-Sinfonie, aus seiner Nähe zu Mozart und aus der damaligen Zeit zu verstehen; ihr Bestreben ist vielmehr, es auf Beethoven hin zu interpretieren, bei dem das Menuett zum Scherzo wurde. So schreibt Werner-Jensen: »... das störrische Thema signalisiert die Emanzipation zum gleichgewichtigen Symphoniesatz.«[50]

Vor einigen Jahren hatte ich die Möglichkeit, an einem Kurs zur Ausführung historischer Tänze von Karl Heinz Taubert teilzunehmen; seitdem weiß ich, was es heißt, zu einer Musik den ganzen Körper zu bewegen und nicht nur die Finger. Das könnte auch für einen Sinfonie-Satz wie dem Menuett aus der g Moll-Sinfonie eine Testfrage sein: Kann man sich zu einer solchen Musik bewegen oder nicht?

Hummels Metronomzahl – metrisch gelesen – beweist, daß Mozarts Menuett dafür gemeint war.

Das Finale der g Moll-Sinfonie wird vollends als Vorbote Beethovenscher Symphonik begriffen. Besonders verführerisch ist in diesem Zusammenhang, daß das Anfangsthema des Satzes in Beethovens 5. Sinfonie (Scherzo) wieder auftaucht. Hans Renner schreibt zu diesem Finale: »Wir betreten eine düstere Landschaft, in der es gefährlich ›wetterleuchtete‹. Den Anfang des Hauptthemas hat Beethoven im Scherzo seiner 5. Sinfonie verwendet. Die schauerliche Hintergründigkeit seines Ausdrucks beherrscht die Stimmung des ganzen Satzes. Das 2. Thema bricht hin und wieder wie traurig fahles Mondlicht aus jagenden Wolkenfetzen hervor.«[51]

Otto Schumann geht noch weiter: »... im Finale scheinen vollends alle Dämonen losgelassen. Unheilvoll zuckt das Hauptthema durch das Dunkel, zerreißt mit stürmischen Achtel-Figuren und heftigen Schlägen gespenstisch die Nacht. Ein schauriger Totentanz voll grauenhafter Gesichte. Das Thema ist mehrfach verwendet worden (Beethoven), kaum jedoch mit so erschreckender, schauerlicher Wirkung wie in diesem Satz...«[52]

Woher stammt diese Interpretation? Sicher aus irgendeiner Aufführung in sehr schnellem, in »stürmischem« Tempo und mit überzogenen »unheilvoll zuckenden« Kontrasten, und mit Akzenten, die wie »heftige Schläge in gespenstischer Nacht« klingen.

Erinnern wir uns daran, wie g Moll charakterisiert wurde: der »allerschönste Ton«, Vermischung von Ernsthaftigkeit mit munterer Lieblichkeit, anmutig, gefällig, zärtlich und erquickend, sehnend wie auch wehmütig, mit mäßigen Klagen und temperierter Fröhlichkeit.[29] Hat das niemand nachgelesen?

Werner-Jensen: »... so kompromißlos war Mozarts Musik nie zuvor und nie wieder. Die Ästhetik der Schönheit gilt nicht mehr, es klingt wie ein prophetischer Blick in die Zukunft, in der einmal Häßlichkeit zum gleichberechtigten Stilmittel erhoben sein wird...«[53]

Wie schnell schlagen die Orchesterstrategen den Satz denn eigentlich? Hummel überliefert ♩ = 152. Da sputen sich die Dirigenten: Karajan liegt vorn mit ♩ = 144, alle anderen bleiben darunter; Fricsay läßt nur ♩ = 120 spielen – und ist damit für heutige Erkenntnisse immer noch erheblich zu schnell. ♩ = 76 ist das angemessene Tempo, wenn man bedenkt, daß die Hummelsche Angabe metrisch gelesen werden muß. Dann ist der ganze Spuk von Totentanz, fahlem Mondlicht und

Häßlichkeit vorbei. Es ersteht ein gewiß kontrastreiches Stück Musik, dessen Positionen aber eher zwei miteinander sprechende Menschen sind als ein »Wetterleuchten« und »jagende Wolkenfetzen«. Und es steht in der Tonart g Moll, die Unterschiede in sich beherbergen kann. Dieses Zusammenhalten des Zweierlei ist seit der Zeit nach Mozart das, was den Kommentatoren – aber auch den Interpreten und dem Publikum – die größten Schwierigkeiten bereitet. Man will »Eindeutigkeit«. Angesichts Mozarts Verharren in der Schwebe, schwankt man zwischen Ratlosigkeit und Kritik. Werner-Jensen meint: »... Erschütterung löst vor allem die unerbittliche Endgültigkeit aus, mit der auch das zweite Thema (im Finale) in Moll verharrt; ein konventioneller Dur-Schluß ist nicht mehr vorstellbar!«[54]

Warum sollte Mozart das schöne g Moll nach Dur führen, wo es doch den ganzen menschlichen Kosmos enthält. Ein anderer Kritiker, Andreas Heuß[55], versucht, Mozart zu Hilfe zu eilen, indem er ihn dafür lobt, daß er nicht nach Dur auflöst, das zeige Mozarts Nähe zum »Dämonischen«, was hundert Jahre nach seinem Tod, nach Nietzsche und Wagner, sehr gefragt war!

Nach meiner Ansicht ist das eine Fehlinterpretation: Mozart bleibt nicht bei g Moll, um seine Nähe zum »Dämonischen« auszudrücken, sondern weil g Moll mit seinem Sowohl-als-auch bereits alles in sich birgt, nach keiner Auflösung verlangt; die Auflösung würde lediglich eine Verschmälerung auf eine Einzellinie bedeuten.

Robert Schumann hörte in Mozarts g Moll-Sinfonie »griechisch-schwebende«[56] Grazie. So sehr diese Wahrnehmung auch im Gegensatz zur Interpretation der Düsterkeit stehen mag, so trifft auch sie nur die eine Hälfte des Kosmos. Und wenn man Grazie darstellen will, muß man das gleiche schnelle Tempo nehmen, damit durch Taktakzente und Metrum nur ja keine Erdenschwere entstehe.

Aber auch damit geht Mozarts Lebensnähe, sein Realismus, seine menschliche Umfassendheit verloren. Das ist es, was wir nicht mehr kennen, deshalb dirigieren und spielen wir darüber hinweg. Wenn ich beim Spielen versuche, diesen Kern anzupeilen und ihn, wenn schon nicht fassen, so doch wenigstens ahnen kann, dann sind es diese Augenblicke, für die sich das ganze schwierige Unternehmen des Umdenkens lohnt.

MANN UND WEIB UND WEIB UND MANN...
(Die Zauberflöte, Duett Pamina-Papageno:
»Bei Männern, welche Liebe fühlen...«)

Im vorigen Jahrhundert ist es üblich geworden, in einer Sonate, einer Sinfonie oder einem Kammermusikwerk das Begriffspaar »männlich-weiblich« einzuführen, wenn man über Gegensätzliches sprechen will. Auf dieser Basis gilt ein erster und eventuell auch ein letzter Satz als »männlich«, ein lyrischer, meistens zweiter Satz dagegen als »weiblich«. Das erste Thema im Sonatenhauptsatz soll kraftvoll, aktiv, eben »männlich«, das zweite hingegen sanft, schmiegsam, »weiblich« sein. Bei Mozart findet sich dieser Gegensatz kaum, während er bei Beethoven gängig ist oder zu sein scheint. Meine Konzertführer schlagen sich mit diesem Mozartschen Defizit herum.

Hans Renner stellt für den ersten Satz der Es Dur-Sinfonie (K. V. 543), eine der beiden Schwestersinfonien der g Moll-Sinfonie, fest: »Hier haben wir ein Beispiel dafür, wie wenig sich Mozart ans übliche Schema des Sonatensatzes hielt, das im Allegro kategorisch ein männlich straffes 1. Thema vorschrieb. ›Sanglich‹, melodisch, ›weiblich‹ sind in diesem Falle 1. und 2. Thema.« Renner meint dann aber beruhigt: »Gleichwohl wird die unerläßliche Gegensätzlichkeit, die innere Spannung prachtvoll herbeigeführt durch ein energisches Motiv, das dem Satz einen frischen ›mämmlichen‹ Grundzug verleiht.«[57]

Mit ähnlichen Bewertungen bedenkt der Autor den ersten Satz der C Dur-Sinfonie (K. V. 551, *Jupiter*): »... So ist wiederum, wie es in der Es Dur-Sinfonie, das sangliche ›weibliche‹ Element schon im ersten Thema enthalten, nun aber organisch verbunden mit dem rhythmisch bestimmten ›männlichen‹ Element des Auftakts.«[58]

In dieses Horn stößt auch Otto Schumann: »Frohe Anmut und männliche Lebensbejahung – das sind die Grundbestandteile«[59] des ersten Satzes der Es Dur-Sinfonie.

Es gibt Synonyme für »männlich«, die an Mozart sehr gelobt werden: Über den Anfang der *Jupiter*-Sinfonie lese ich: »Festliche Heiterkeit, unbeirrbare Kraft spricht aus dem ersten Takt, das Weitere verläuft empfindsam...«[60] »Das Hauptthema des Andante zeigt ebenfalls eine eigenartige Verbindung von Kantabilität und Kraft.«[61]

»Kraft« scheint besser zu sein als »Empfindsamkeit«; »willensbetonte Dreiklängs-Motive«[62] sind offenbar etwas ganz besonders Lobenswertes, wirkliche Rettung ist aber anscheinend nur von »Trotz« zu erwarten: Im ersten Satz der g Moll-Sinfonie ist Mozart beherrscht von »scheuem Trotz« und »aufbegehrendem Willen«[63], aber auch in der Es Dur-Sinfonie gibt es nach A. Werner-Jensen im Andante zweimal »ein trotziges Aufbegehren des ganzen Orchesters«[64]. Man wittert, wohin die Fährte weist, wenn man bezüglich der g Moll-Sinfonie liest: »der Meister versucht vergeblich, sich freizukämpfen«.[65] Im Finale der Prager Sinfonie (K. V. 504) erging es ihm anscheinend besonders schlimm: »...er versucht, im jagenden Presto des Finales den Schatten zu entfliehen, die ihn bedrängen. Aber die Synkopen, die im 1. Satz den unruhigen Hintergrund des Geschehens bildeten, zucken nun im Hauptthema selbst auf, drängend oder auch hemmend, jeden freien Schwung in nervöse Hast umwandelnd. Ruhepunkte wechseln mit heftigem Aufbegehren. In dramatischem ›Kampf‹ ließe sich vielleicht die innere Harmonie ›erringen‹. Aber Mozart vermeidet eine solche Auseinandersetzung...«[66]

Werner-Jensen ist da offenkundig prinzipiell anderer Ansicht. Er meint, daß im ersten Satz der g Moll-Sinfonie, in der Reprise stärker als in der Exposition, »Konflikte ausgetragen werden, und das Seitenthema wirkt nun in der endgültigen g-Moll-Färbung ungleich fatalistischer, resignierter...« Zum Schluß »dominiert endgültig der ›Schicksalsrhythmus‹ des Kopf-Motivs«.[67]

Es ist deutlich zu erkennen, daß alles gelobt wird, was auf Beethoven zu weisen scheint, es werden sogar die Vokabeln gebraucht, die auch bei der Besprechung eines Beethoven-Werkes üblich sind: Kampf, Trotz, Kraft, Willen, Schicksal. Der Gedanke »fast schon Beethoven« läßt sich offenbar überhaupt nicht vermeiden. Die zitierten Autoren – und nicht sie allein – schieben Mozart somit mehr oder weniger in die Vorläufer-Position:

»Auf den alternden Haydn hat die Sangbarkeit mozartischer Themen nicht wenig eingewirkt; seine späten Sinfonien lassen das deutlich erkennen. Dafür hat Mozart von Haydns Kunst der motivischen Verarbeitung manches gelernt. Freilich – und das unterscheidet Mozart wesentlich von Haydn und Beethoven – sind die Durchführungssätze der Mozartschen Sinfonien nicht so kunstvoll und nicht so kämpferisch gebaut wie die der beiden anderen Meister. Zu stark war der melodische Fluß seiner Einfälle, als daß er sich den Ballungen motivischer Feinarbeit hätte fügen mögen...«[68] Besonderes Lob kommt dem zweiten Thema im ersten Satz der Es Dur-Sinfonie zu, weil es »in Tonart und

Schnitt ein älterer Bruder von Beethovens Heldenthema aus der Dritten« sei.[69]

Werner-Jensen sagt es unverblümt: »Mozart war noch nicht der Typus des freischaffenden Tondichters, zu dem sich erst in der folgenden Generation Beethoven als erster durchrang. Mozart schuf prinzipiell zweckorientiert und nicht, um sich selbst zu verwirklichen. Und trotzdem wirken seine drei späten Symphonien (und auch die *Prager*) wie Vorboten der neuen Zeit, wie Individuen und nicht wie Glieder in einer Gattungskette. Sie sind nichts weniger und nichts mehr als die ersten Meilensteine der großen Symphonik; sie führen, neben einigen der noch kommenden späten Haydn-Symphonien, auf direktem Wege zu Beethovens Symphonik und weiter bis zum Ende der Gattungsgeschichte, zu Mahler und Sibelius.«[70]

Die Biographen dachten nicht anders. Bei Bernhard Paumgartner kann man im Zusammenhang mit der g Moll-Sinfonie lesen: »... Weit zurück, in freundlichen Zonen galanter Empfindsamkeit lag die Heimat jener bewegten Kantabilität. Nun aber erschloß ihr der Meister mit seinem Herzblut, über das Alterswerk Joseph Haydns hinweg, die Tore einer leuchtenden Zukunft, an deren Schwelle Beethoven und Schubert als Künder einer anderen Zeit, doch brüderlich verwandten Geistes voll, das göttliche Erbe antraten.«[71]

Warum hat Beethoven in der Einschätzung des Publikums Mozart den Rang abgelaufen? Glaubten Publikum, Musiker und Kommentatoren des 19. Jahrhunderts, daß Beethoven die bessere Musik geschrieben, etwa im Zuge des Fortschritts der Kunst eine höhere Stufe erklommen habe? Was schätzten sie an Beethoven? Es sind ganz bestimmte Merkmale, die verehrt wurden: das Genie, das außergewöhnliche Individuum, der große Leidende, der Kämpfer und Überwinder, der Aktive, Drängende, Faustische, der Männliche. Dem entsprach die Auswahl der Lieblingsstücke: *Pathétique*, *Appassionata*, Es Dur-Klavierkonzert, *Eroica*, 5. Symphonie, 9. Symphonie. In jedem dieser Werke sind, wenn man es darauf anlegt, die gepriesenen Züge zu erkennen. Und weil man so fasziniert von Beethoven war, suchte man diese Züge auch in der Musik anderer Komponisten. Haydn wurde ein Opfer dieser Manie, bei Mozart war die Sache schwerer, wie die zitierten Kommentare zeigen. Schon Zeitgenossen Beethovens wie Amadeus Wendt oder E. T. A. Hoffmann lobten ihn für seine Charaktereigenschaften und stellten sie als vorbildlich hin. Besondere Rolle spielten immer Kraft und Männlichkeit. Goethe soll gesagt haben: »Er war so stark, daß selbst seine Mutter ein Mann gewesen sein muß.« Andere Äußerungen, die ihm selber zugeschrieben werden: »Kraft ist die Moral der Menschen, die sich vor anderen auszeichnen. Sie ist auch die meine. – Rührung paßt nur für Frauenzimmer, dem Manne muß die Musik Feuer aus dem Geiste schlagen.« Selbst wenn diese Sätze nicht von Beethoven selber sein sollten, bezeugen sie – in diesem Falle vielleicht sogar noch deutlicher – die Einschätzung, die ihm zuteil wurde.

Richard Wagner sah in der *Eroica* die »Idee einer heldenmüthigen Kraft, die mit gigantischem Ungestüm nach dem Höchsten greift«. Selbst George Bernhard Shaw ließ sich hinreißen. »Er war der verkörperte Trotz.« Eine Frau, Eva Rieger, interpretierte den Männlichkeitskult in Verbindung mit Beethoven als eine Selbst-Zelebrierung der bürgerlichen Gesellschaft des 19. Jahrhunderts: »... das Bürgertum verehrte in dieser Außerordentlichkeit und Größe zugleich die eigene männliche Leistung... Die Betonung der bürgerlich-männlichen Individuation schlägt sich auf seine [Beethovens] Werke nieder. Daraus erklärt sich auch die Faszination zunächst auf ihre eigene Klasse, die ihr postulatives Anliegen in bis dahin für unvorstellbar gehaltenen Dimensionen tönend vergegenständlicht fand...«[72]

Ich habe mich in einer gesonderten Arbeit bemüht, den Beethoven-Mythos, der sich nun schon seit fast 200 Jahre zusammenbraut, Punkt für Punkt aufzurollen und zu zeigen, daß Beethoven anders war, daß dieser Mythos von der Gesellschaft fabriziert worden ist, und zwar nach ihren Bedürfnissen.[73]

Diese Möglichkeit zur Selbstbespiegelung hätte die Gesellschaft gerne auch in der Musik Mozarts gefunden, kam aber zu dem Resultat: Sie ist nicht »männlich« genug, verwischt sogar bisweilen den Unterschied zwischen »männlich« und »weiblich«. Und dann versuchten die Musiker, diese Musik zu vermännlichen, ihr mehr »Kraft« und »Trotz« zu geben, Mozart sozusagen zu »beethovenisieren«. Das geschah mit den gleichen Interpretationsmitteln – oder Kniffen –, die man auch bei Beethovens Werken einsetzte, um Kraft, Männlichkeit und ähnliches besonders zu betonen. Es galt und gilt als Auszeichnung, wenn einer Interpretation nachgesagt wird, sie sei »männlich«, eine Pianistin habe einen »männlichen« Zugriff oder spiele einen »männlichen« Chopin, oder gar einen »männlichen« Mozart.

Die Mittel – oder Kniffe – dabei sind: ein Übertreiben von Akzenten, von Lautstärkeunterschieden, zuviel der Beschleunigungen, zuviel des Crescendierens, und vor allem ein äußerst schnittiges Tempo. Alles soll helfen, die mutmaßlich überall zugrundeliegende Beethoven-Story vom »Griff nach dem Höchsten« und »durch Nacht zum Licht« hörbar zu machen. Hier kann man erleben, wie »Inszenierungen« von Musik hergestellt werden – übrigens ohne bösen Willen der Musiker, vielmehr als Auslegung des Notentextes, so wie man ihn versteht.

Diese Mittel – oder Kniffe – werden auch bei der Mozart-Interpretation angewandt: Selbst ein Musiker wie Richard Strauss war mit Mozart offenbar nicht zufrieden; wenn er die *Jupiter*-Sinfonie dirigierte, an deren Anfang nach dem »männlichen Auftakt« schon im ersten Thema das »sangliche, weibliche Element«[58] enthalten ist, ließ er diesen »männlichen« Auftakt schneller spielen und bei der »sanglichen, weiblichen« Stelle retardieren. Er übertrieb also.

Alle Instrumentalisten und Dirigenten wählen, wie der Vergleich mit den Metronomisierungen aus der Mozart-Zeit gezeigt hat, in den schnellen Sätzen viel zu schnelle Tempi – sehr oft die doppelte Geschwindigkeit – um Mozart auf die Höhe der Beethoven-Zeit, des Eisenbahnzeitalters und, selbstredend, des 20. Jahrhunderts zu bringen.

Beethoven war keineswegs so, wie die Gesellschaft ihn haben wollte und heute noch haben will. Seiner Musik wird von den Interpreten die gleiche Verschandelung zugefügt wie der Mozarts. Reduziert man auch bei seinen Werken das Tempo (es gibt von ihm selber und von seinem Schüler Carl Czerny Metronomzahlen, die nur richtig verstanden werden müssen), so erklingt Musik, aus der man die geschätzten Tugenden von Kraft, Trotz, Männlichkeit kaum so heraushören kann, wie man sie in den schnellen Versionen erkennen zu können glaubt.

Wir – das Publikum, die Interpreten, Kommentatoren, Biographen und Musikwissenschaftler – kennen sie beide nicht: weder Mozart noch Beethoven; wir kennen sie nur in ihrer Kostümierung nach dem Geschmack und dem Bedürfnis der Konsumenten über zwei Jahrhunderte.

Ein paar Worte zum gesellschaftlichen Hintergrund: Die Polarisierung von »männlich« und »weiblich«[74] setzte erst gegen Ende des 18. Jahrhunderts ein, also nach Mozarts Tod. Noch zur Zeit der Französischen Revolution gab es – dem rationalistischen Motto gemäß, daß alle Menschen gleich seien –, starke feministische Kräfte. Doch schon bald legte die ökonomisch-industrielle Entwicklung eine Rangordnung der Geschlechter nahe: Als Fabriken gebaut und damit vielfach die Erwerbsplätze an Orte außerhalb der Familienwohnung verlagert wurden, gingen die Männer zum Geldverdienen aus dem Haus, während die Frauen bei den Kindern blieben und das Hauswesen zu versehen hatten. Sie lebten von dem, was der Ernährer nach Hause brachte, während sie noch kurz zuvor bei der Heimarbeit aktiv zum Lebensunterhalt beigetragen hatten. Der Mann wurde der Bestimmende, die Frau die Untergeordnete. Frauen wurden in der Folgezeit jene Attribute zugeordnet, die seitdem als naturgegeben weiblich gelten: dienend, anschmiegsam, weich, nachgiebig – ins Musikalische übertragen heißt das: gesanglich, piano, dolce, tempo moderato. Die erwerbstätigen Männer bündelten auf sich alles, was Helden schmückt: Kraft, Energie, Aktivität, Kämpfertum, Vorwärtsdrängen, Überwinden und Siegen. Genau so wurde Beethoven gesehen und musiziert: forte, rhythmisch, prägnant, scharf akzentuiert, vorwärtstreibendes, forsches Tempo.

Im 19. Jahrhundert obsiegten die Männer im Geschlechterkampf; das führte dazu, daß auch in der Kunst das »Männliche« verherrlicht wurde. Kunst – und eben auch Musik – wurden unter dieser Prämisse betrachtet und bewertet. Das Gegensatzpaar »männlich – weiblich« wurde in die Kunstbetrachtung eingeführt; im Bereich der Musik leitete man daraus die Forderung ab, in einer Sonate oder Symphonie müsse sich dieses Verhältnis als Wertunterschied darstellen. Die Musikbetrachter formulierten diesen Gegensatz und glaubten ihn in Beethovens Musik zu erkennen. Allein – ihr Blick war geprägt von ihren viril-gerasterten Brillengläsern, durch die sie auch die Kunst vor 1800 in Augenschein nahmen. Und natürlich konnten sie wegen dieser Brille nicht umhin, die Polarität »männlich-weiblich« auch dort zu konstatieren oder anzumahnen, wo sie nicht fündig werden konnten, wie im Falle Mozarts. Was sich in Wirklichkeit abspielte, war ein Hinein-Sehen von Kriterien des 19. Jahrhunderts in eine frühere Epoche.

Zu Haydns und Mozarts Zeit war eine Sinfonie oder eine Sonate kein Schauplatz für den Geschlechterkampf, sondern ein großer harmonischer Spannungsablauf, in dem das vollkommenste Gleichgewicht erreicht werden sollte.[75] Dafür gibt es Zeugnisse vom Ende des Jahrhunderts: In Forkels *Musikalischer Almanach auf das Jahr 1783* findet sich ein Aufsatz, in dem an Hand einer Sonate von Ph. E. Bach die Sonate als »Ordnung und gehörige Folge oder stufenweise Fortschreitung unserer Empfindungen« bestimmt wird. Von einem Gegensatz »männlich-weiblich« ist nirgendwo die Rede. Der Unterschied wird ganz anders formuliert, zum Beispiel von Forkel: »Bey einer guten Sonate haben wir hauptsächlich zweyerley zu bemerken, erstlich: Begeisterung oder höchst lebhaften Ausdruck gewisser Gefühle; zweytens: Anordnung oder zweckmäßige und natürliche Fortschreitung dieser Gefühle in ähnliche und verwandte, oder auch in entferntere.« Forkel gibt auch Anregungen, wie dieses harmonische Spannungsverhältnis und sein schließlicher Ausgleich im Verhältnis der Sätze einer Sonate oder Sinfonie zum Ausdruck gebracht werden kann: »... so wird das Verfahren am besten seyn, welches die Schilderungen so ordnet, daß im ersten Satze die angenehme Hauptempfindung erregt, durch ähnliche Nebengefühle unterstützt und befestigt – im zweyten gleichsam durch Einwürfe gewissermaßen wankend und zweifelhaft gemacht – endlich aber im dritten aufs neue dennoch hervorbreche und bestätigt und bekräftigt werde.«

Bei anderen Theoretikern finden sich ähnliche Definitionen der Sonate, die – nicht zu leugnen – einige Jahrzehnte später, also gegen Mitte des folgenden Jahrhunderts, anders aufgefaßt und benutzt wurde. Ein Kenner der Haydn-Mozart-Zeit, Leo Balet, schreibt dazu: »... wird es jetzt wohl einleuchtend sein, daß der in der Harmonik ruhende Spannungs-Entspannungsprozeß der Sonate die denkbar reinste Form war, in der sich ein natürlicher Gefühlsspannungsablauf realisieren ließ. Es ist eine Verkennung der Musik der zweiten Hälfte des 18. Jahrhunderts, die so vollkommen unliterarisch, so rein Musik, so nichts als Musik war, wie Musik überhaupt nur sein kann, wenn in die Sonate dieser Zeit irgendeine Dramatik mit personifizierten Themen hineingeheimnißt wird. Schon die Tatsache, daß keiner der Musikästhetiker der damaligen Zeit etwas dergleichen verlauten läßt, sollte beachtet werden.«[76]

Auch von einem Wertgefälle der Tonarten oder Harmonien, wie es später im Unterschied von »männlich-weiblich« mitgedacht wurde, kann in dieser Zeit natürlich noch nicht die Rede sein, und von Beherrschung schon gar nicht. Spannung, ja, aber »natürliche Gefühlsspannung«; Kampf und Unterwerfung, nein, sondern ein Miteinander-Kommunizieren von Andersartigem – das ist der Inhalt einer Architektur (Sonate, Sinfonie), die später als Schlachtfeld verstanden wurde. Konkreter gesagt: Wenn seit Beethoven von einem Gegensatz des »männlichen« ersten und des »weiblichen« zweiten Themas gesprochen wurde, dann fand in der Durchführung, die als Formteil diese Themen zu verarbeiten hat, der Kampf der Geschlechter statt. Im Vergleich zu Beethoven bemängelt man bei Mozart die nur knappe Ausbildung des Durchführungsteils – Hadyn bekommt in diesem Punkt bessere Zensuren.

Ich zitiere, was Interessierte im Konzertführer zu diesem Thema lesen können: »Freilich – und das unterscheidet Mozart wesentlich von Haydn und Beethoven – sind die Durchführungssätze der Mozartischen Sinfonien nicht so kunstvoll und nicht so kämpferisch gebaut wie die der beiden anderen Meister. Zu stark war der melodische Fluß seiner Einfälle, als daß er sich den Ballungen motivischer Feinarbeit hätte fügen mögen. Auch Mozart hat seine Themen durchgeführt [etwa im Finale der *Jupiter*-Sinfonie!]; doch wirkt seine Durchführung kaum als ragender Bau, sondern wie ein großes Netz von Strömen musikalischer Einfälle.«[77]

Und in Reclams Konzertführer heißt es zu Mozart: »Die Durchführung ist jedoch bei ihm weit unterentwickelter als beim späten Haydn oder gar bei Beethoven. Sie ist kunstvolle Fortsetzung des ununterbrochenen melodischen Flusses, nicht Schauplatz dramatischer Auseinandersetzungen. Bei Beethoven sind schon die Themen in sich zielstrebig, mit Konfliktstoffen geladen. Sie drängen zu Entwicklungen, in denen es zu Zerreißproben, zu gewaltigen dramatischen Entladungen kommt. Bei Mozart ist Musik verklärter, gebändigter Ausdruck seelischer Empfindungen...«[78]

Die Autoren unterstellen, daß eine Sonate oder Sinfonie und deren Durchführung so sein müsse, wie sie sich ihnen bei Beethoven darstellt. Die Interpreten zweifeln nicht daran, daß bei Mozart das gleiche Kämpfertum herrschte wie bei Beethoven. Ich weiß, wie schwer es ist, sich bei der Darstellung der Musik Mozarts von dieser Prämisse zu lösen. Immerhin haben wir es hier mit jenem Lebensgefühl zu tun, in das wir alle hineinerzogen worden sind, das jede Minute unseres Daseins beherrscht, im Privaten wie im Öffentlichen. Wenn man aber versucht, die Polarisierungen, das Konfliktgeladene und Zielstrebige aus Mozarts Musik herauszulassen, dann vermissen wir Heutigen das Spannende, die Dramatik; wir versuchen um jeden Preis, sie zu erzeugen, und was wir damit in Mozarts Musik hineinbringen, ist »Aggressivität«. Es ist ein schwieriges Unterfangen, dies zu vermeiden, aber es bietet die ganz seltene Chance, ein Lebensgefühl kennenzulernen, von dem die meisten von uns nichts wußten oder wissen.

Dieses Lebensgefühl stellt sich ein, wenn man das Spieltempo reduziert, es in den schnellen Sätzen sogar auf die Hälfte der Metronomzahlen setzt. Dann entsteht der andere Inhalt, es erwächst die von Forkel beschriebene »stufenweise Fortschreitung unserer Empfindungen«, in denen »ähnliche und verwandte« oder auch »entferntere« Gefühle enthalten sind, »die kleinen Spannungen und Lösungen [werden] in das vollkommenste harmonische Gleichgewicht« gebracht. Beim Langsamer-Spielen wird die Ausgewogenheit dieser Musik fühlbar: Sie ist Musik, nichts als Musik, sie ist Auflösung differenziertester Gefühlsspannungen und -entspannungen. Sie wird bei Mozart, dem Gewaltlosen, nie zum Schlachtfeld mit Siegern und Unterlegenen.

So schwer es nach Mozart wurde, den Charakter von Tonarten zu erkennen, oder wenigstens zu denken – Moll zum Beispiel nicht prinzipiell als pessimistisch und tragisch aufzufassen, sondern als eine »Vermischung« von Verschiedenem (g Moll) –, genauso verlor sich die Fähigkeit, den Unterschied »männlich-weiblich« als zusammengehöriges Sowohl-als-auch, und nicht als Kampfposition zu empfinden.

»Mann und Weib und Weib und Mann.« Uns ist es nach 200 Jahren – trotz aller Aufgeklärtheit und Emanzipation – noch nicht möglich, das Wort »und« mit seinen drei Buchstaben ernst zu nehmen, Parität wieder zu denken und Entferntes im Empfinden wieder so zusammenzubiegen, wie eine Tonart Unterschiedliches in sich beherbergt. In diesem Punkt ist Mozart uns im Fundament fremd, unverständlich und nicht nachfühlbar.

Werfen wir einen Blick in die Welt des Privaten: Robert Schumann schrieb an Clara: »Versprich mir, dir keine unnützen Sorgen mehr zu machen, und mir zu vertrauen und folgsam zu sein, da nun einmal die Männer über den Frauen stehen.«

Für Cosima Wagner bedeutete ihr Mann die »allerhöchste Macht«, sie fiel vor ihm auf die Knie und küßte den Boden, wo er stand.

Nichts dergleichen zwischen Mozart und Constanze – er schrieb ihr bis zuletzt Liebesbriefe: »... wie kannst Du denn glauben, ja nur vermuthen, daß ich Dich vergessen hätte? – Wie würde mir das möglich seyn? – für diese Vermuthung sollst Du gleich die erste Nacht einen derben Schilling auf Deinen liebens-küßenswürdigen Aerschgen haben, zähle nur darauf...«[2]

Der psychoanalysierende Wolfgang Hildesheimer sieht Mozart als »Kind«, als vorpubertär, als nicht entschieden für »männlich« oder »weiblich«. Auch die Ehe mit Constanze interpretiert er als Spiel von Kindern – nur weil kein Kampf der Geschlechter stattfand. Diese Position vertritt ebenfalls der *Amadeus*-Film und seine Vorlage, das Theaterstück *Amadeus* von Peter Shaffer.

Pamina und Papageno erklären das Phänomen anders:

47

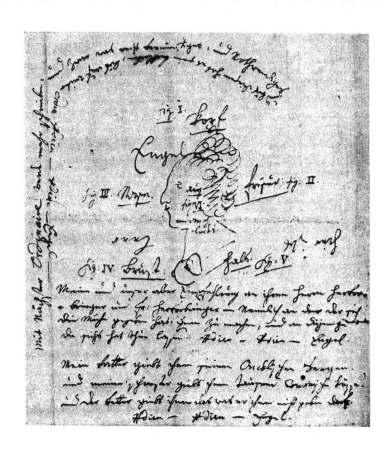

Mozart an Maria Anna Thekla Mozart (das »Bäsle«),
Salzburg, 10. Mai 1779.
Dritte Seite des Originals aus der als Leihgabe im British Museum,
London, befindlichen Sammlung Stefan Zweig.
Originalformat: 19,2 × 24,2 cm

> Mann und Weib und Weib und Mann,
> reichen an die Gottheit an.

Wer ist diese »Gottheit«? ist oft gefragt worden. Ich will riskieren, sie untheologisch zu umschreiben: Vielleicht nähern Menschen sich dem »Gottähnlichen« oder »Göttergleichen«, wenn ihnen das spannungsvolle aber gewaltlose Ineins-sehen-können von Auseinanderliegendem, von Dur und Moll, von Mann und Weib gelingt, wenn sie die Abgrenzungen und Polarisierungen überspringen. Das 18. Jahrhundert scheint diese Fähigkeit noch besessen zu haben und Mozart – Wolfgang Gottlieb (nach dem Taufregister), alias Amadé – setzte eben dies in Klang um. Über seine Musik, wenn sie »original« aufgeführt wird, könnten wir mit einem Menschsein in Verbindung treten, das uns nicht mehr geläufig ist. Vielleicht sehnen wir uns danach.

»DER HÖLLE RACHE KOCHT IN MEINEM HERZEN...«
(Die Zauberflöte, Königing der Nacht)

TAMINO: Kommt Mädchen, führt mich! – Pamina sei gerettet! – Der Bösewicht falle von meinem Arm; das schwöre ich bei meiner Liebe, bei meinem Herzen! *Sogleich wird ein heftiger erschütternder Akkord mit Musik gehört.* Ihr Götter, was ist das?
DIE DREI DAMEN: Fasse dich!
ERSTE DAME: Es verkündet die Ankunft unserer Königin. *Donner.*
DIE DREI DAMEN: Sie kommt! *Donner.* Sie kommt! *Donner*
Sie kommt! *Donner*
Verwandlung: Die Berge teilen sich auseinander und das Theater verwandelt sich in ein prächtiges Gemach.
DIE KÖNIGIN *sitzt auf einem Thron, welcher mit transparenten Sternen geziert ist*
Orchestervorspiel *(Allegro maestoso)*
KÖNIGIN DER NACHT, *Rezitativ*
O zittre nicht, mein lieber Sohn!
Du bist unschuldig, weise, fromm.
Ein Jüngling, so wie du, vermag am besten,
dies tief betrübte Mutterherz zu trösten.
Arie (Larghetto)
Zum Leiden bin ich auserkoren,
denn meine Tochter fehlet mir;
durch sie ging all mein Glück verloren,
ein Bösewicht entfloh mit ihr.
Noch seh ich ihr Zittern
mit bangem Erschüttern,
ihr ängstliches Beben,
ihr schüchternes Streben.
Ich mußte sie mir rauben sehen:
»Ach helft! ach helft!« war alles, was sie sprach;
allein vergebens war ihr Flehen,
denn mein Hilfe war zu schwach.
(Allegro moderato)
Du, du, du wirst sie zu befreien gehen,
du wirst der Tochter Retter sein.
Und werd ich dich als Sieger sehen,
so sei sie dann auf ewig dein.

Auf dem kleinen Wort »dann« in der letzten Zeile hat die Sängerin die berühmten, glanzvollen, sehr langen Koloraturen auszuführen. In den uns geläufigen Aufführungen hetzt sich die Königin der Nacht, die das halbe Universum beherrscht, durch die fünfzehn Takte mit Läufen und halsbrecherischen Sprüngen. Das gibt der Arie – und der Gestalt – eine Nuance, die Mozart nicht gewollt hat. Schon die Tonart B Dur führt in eine andere Richtung. Nach Mattheson ist B Dur »sehr divertissant und prächtig; behält dabey gerne etwas modestes, und kan demnach zugleich vor magnific und mignon passieren«.[15] Nach dem szenischen Auftritt mit »erschütterndem Akkord«, vierfachem Donner und Sternenkranz um die Königin der Nacht zielt Mozart wohl auf »magnific« und »prächtig« in B Dur. Das sollte sich auch in der Geschwindigkeit ausweisen. Majestätisch und königlich sollte die Arie sein, die Koloraturen blitzen wie die Sterne, die den Thron zieren.

Die Tempovorschrift für diese Arie heißt »Allegro moderato«. Wie schnell ist oder war das?

Seit 1976 besitzen wir dazu sehr hilfreiche Angaben. Max Rudolf rückte in dem Artikel »Ein Beitrag zur Geschichte der Temponahme bei Mozart« Metronomzahlen zu fünf Opern Mozarts wieder ins Bewußtsein, zu *Entführung aus dem Serail, Figaros Hochzeit, Don Giovanni, Cosi fan tutte* und *Die Zauberflöte*. Diese Metronomzahlen erschienen im Jahr 1822 in Klavierauszügen, die bei Schlesinger in Paris gedruckt worden waren. Sie sind für uns wertvoll, weil sie – dreißig Jahre nach Mozarts Tod veröffentlicht – eine relativ große Nähe zu seinem eigenen Aufführungsstil garantieren. Im Zuge der modernen Bemühungen um Mozart entdeckte Max Rudolf diese Angaben wieder und veröffentlichte etwa 300 von ihnen.[79]

Aus den alten Metronomzahlen ergibt sich für die Arie der Königin der Nacht folgendes: Das Orchestervorspiel und das Rezitativ »O zittre nicht« haben die Tempobezeichnung »Allegro maestoso« und die Metronomangabe ♩ = 126. Da als Taktart ₵ vorgezeichnet ist, muß jedes einzelne Viertel angeschlagen werden, das Metronompendel sich also bei Einstellung 126 hin- und herbewegen – das ergibt dann ♪ = 126. Für die folgende Arie »Zum Leiden bin ich auserkoren«, die als »Larghetto« oder »Andante« bezeichnet wird, übermittelt Max Rudolf ♩ = 69. Diese Zahl wird in Übereinstimmung mit der damals fließenderen Bewegung des Andante nicht halbiert, bei Einstellung 69 werden Viertelnoten gesungen. Dem »Allegro moderato« bei »Du, du, du...« soll ♩ = 72 zugrunde liegen, bei Taktvorzeichnung ₵. In der halben

Note verbirgt sich wieder, wie immer beim Allegro, ein Thesis-Arsis-Verhältnis – das richtige Tempo für diese Arie ist ♪ = 72. Spielt man nach diesen Maßgaben, dann blitzen die Töne der Koloraturen wirklich wie Sterne, der Charakter der Musik ist »magnific« und »prächtig«. Heute wird die Arie doppelt so schnell gesungen. Allerdings wird auch das Allegro maestoso zu Anfang schneller, das Larghetto dagegen langsamer ausgeführt, als die Metronomangaben es vorgeben. Das verändert nicht nur in musikalischer Hinsicht das Verhältnis der Teile zueinander, sondern auch die Persönlichkeit der Königin: Bei ihrem ersten Auftritt sollte sie genügend gute Nerven haben, um »maestoso«, majästetisch zu sein; andererseits widerspricht es auch der »königlichen« Haltung, wenn das Larghetto durch ein langsameres Tempo sentimentalisiert wird.

Die Contenance der Königin der Nacht kommt hervorragend zum Ausdruck, wenn sich der durch die Metronomangaben angedeutete ähnliche Pulsschlag durch die drei Teile hält: Allegro maestoso ♩ = 63, Larghetto ♪ = 69, Allegro moderato ♪ = 72.

Auch in der zweiten Arie der Königin »Der Hölle Rache kocht in meinem Herzen«, blitzen die Sterne prächtiger, wenn die Koloraturen in dem richtig verstandenen Originaltempo ausgeführt werden. Max Rudolf verzeichnet die Zahl ♪ = 160, die Tempobezeichnung heißt »Allegro assai«, die Taktart ₵. Wieder gilt die Angabe für die Achtel. Das singt heutzutage niemand. Im Gegenteil, Edda Moser zum Beispiel, begleitet von Wolfang Sawallisch, erreicht mit ♪ = 152 fast das Doppelte.

Wir haben es heute schwer mit den Majestäten auf der Bühne: Die Königin der Nacht, der römische Kaiser Titus mit seiner Koloraturarie, Graf Almaviva mit seiner Arie »Der Prozeß schon gewonnen« (Allegro maestoso), sie alle hetzen sich bei ihren Nummern, wie jemand, der den Bus noch erreichen muß, wenn er nicht zu spät ins Büro kommen will. Anschließend nehmen sie wie hechelnde Hunde ihren Beifall entgegen. Man muß es einmal aussprechen: Nirgendwo und nie auf der Welt sind die Hohen Herrschaften gerannt oder haben sich auch nur »schnell« bewegt; sie bewahrten »Würde«, und die erlaubt allenfalls »mäßiges« Tempo. Das Rennen und Hetzen war und ist etwas für die kleinen Leute. Das betrifft unser ganzes Zeitalter: Seit die Feudalklasse ihre kulturelle Vormachtstellung abgeben mußte, seit die Angehörigen des dritten und vierten Standes, deren Lebenstempo vom Erwerb des täglichen Brotes bestimmt wird, die Führung übernommen haben, ist das

Szenenbild aus der Oper »Die Zauberflöte«
(Akt 1, Szene 1).
Stich von Joseph Antrop, 1796

»Wetten und Wagen« und »Hasten und Jagen« auch im Umgang mit der Kunst beherrschend geworden. Das ist einerseits realistisch und gerecht, führt jedoch auch zu Verzerrungen, wenn es um die Darstellung anderer Lebensformen geht, zum Beispiel um die Interpretation der Majestäten auf der Bühne.

Mozart hat die Koloraturarien der Königin der Nacht für seine Schwägerin Josefa Hofer geschrieben. Auch die Arie »Matern aller Arten« der Constanze in der *Entführung* mit sehr vielen schweren Koloraturen hat er für eine Sängerin komponiert, die er kannte; wie er freimütig gestand, habe er die Arie »ein wenig der geläufigen Gurgel der Mlle. Cavalieri aufgeopfert.« Solche Bravourstücke sind, wie das Meiste von Mozart, für reale Aufführungssituationen geschrieben, das heißt, diese Koloraturen wurden gesungen, wie schwer sie auch sein mochten. Für sie gilt nicht, was von Beethovens Violinkonzert erzählt wird. Da soll der Geiger Clement nach einem Ausprobieren gesagt haben: »Meister, das ist auf der Geige nicht zu machen.« Darauf Beethoven: »Was schert mich seine elende Geige, wenn der Geist mich überkommt.«

Auf diese Argumentation berufen sich gerade heute viele bei der Überlegung, ob irgendein sehr hohes Tempo auch vor 200 Jahren schon gespielt wurde. »Macht nichts«, hört man dann, »der Komponist vertraute darauf, daß es in Zukunft einmal gespielt oder gesungen werden könnte.« Für Mozart stimmt das gewiß nicht. Er wußte durchweg, für welche Gelegenheit und für welche Spieler oder Sänger er seine Musik komponierte.

Eine grundsätzliche Erkenntnis läßt sich aus der Untersuchung der Koloraturarien gewinnen: Das Spieltempo richtet sich nicht danach, was technisch ausführbar ist, sondern danach, was der Inhalt verlangt. Um dem auf die Spur zu kommen, sind die alten Metronomzahlen von unschätzbarem Nutzen.

Nicht nur Koloraturarien werden zu schnell gesungen. Auch die Auftrittsarie des Tamino in der *Zauberflöte*, »Zu Hilfe! Zu Hilfe! sonst bin ich verloren!«, wird nicht wie verlangt »Allegro«, sondern mindestens Presto gesungen. Die Metronomzahl in der Schlesinger-Ausgabe lautet $\textesh = 84$ im ₵ Takt; das bedeutet, man hat $\textesh = 84$ auszuführen. Wie bei den Andante-Arien, so enthüllt sich auch hier ein anderer inhaltlicher Akzent – Tamino ruft um Hilfe; es soll wohl ein richtiges Rufen sein, der Text spricht dafür:

> Zu Hilfe! zu Hilfe! sonst bin ich verloren!
> Der listigen Schlange zum Opfer erkoren!

> Barmherzige Götter! schon nahet sie sich;
> ach rettet, rettet, schützet mich.

Darauf erscheinen die drei Damen der Königin der Nacht und erlegen die Schlange. Sie haben Taminos Rufen gehört. In den heutigen Aufführungen steht bei dieser Arie im Mittelpunkt, daß Tamino auf der Flucht und abgehetzt ist. Anton Dermota singt, begleitet von Karajan mit $\downarrow = 76$ und bringt die Arie um den Inhalt, den Mozart ihr gegeben hat.[80]

Andere Nummern werden zu langsam gesungen. Ich habe diesen Umstand schon anläßlich der g Moll-Andantesätze geschildert. Zu dieser Gruppe gehören aber auch andere Liedchen, wie zum Beispiel Zerlinas »Wenn du fein artig bist«, und, ebenfalls aus dem *Don Giovanni* die Canzonetta »Feinsliebchen, komm ans Fenster«, ebenfalls Allegretto. Diese Canzonetta wurde, wie die g Moll-Arie der Pamina, offenbar schon zu Anfang des vorigen Jahrhunderts zu langsam gesungen. 1820, also zwei Jahre vor Erscheinen der Metronomzahlen bei Schlesinger, berichtete Louis Spohr von einer Aufführung des *Don Giovanni* im Théâtre Italien in Paris und kritisierte das zu langsame Tempo der Canzonetta.

Immer wieder zeigt sich die generelle Tendenz der Interpretationen des vorigen Jahrhunderts: Die schnellen Sätze wurden schneller und die langsamen langsamer gespielt und verstanden, als sie von ihren Schöpfern gemeint waren.

Für den *Don Giovanni* sind ganz besondere Metronomzahlen ans Licht gekommen. Bereits 1960 wies Walter Gerstenberg[81] auf einen Artikel von Gottfried Wilhelm Fink vom 19. Juni 1839 in der *Allgemeinen Musikalischen Zeitung* hin, der die Überschrift trug: »Ueber das Bedürfnis, Mozart's Hauptwerke unserer Zeit so metronomisiert zu liefern, wie der Meister selbst sie ausführen ließ«[82]. Dort kann man lesen: »Jedermann weiß, wie oft bittere Klagen über das Verhunzen Mozartscher Werke durch übertriebene Temponahme geführt worden sind. Die Klagen sind begründet... wir haben selbst die Qual nicht selten auszustehen gehabt, dass von Dirigenten... Vieles und oft gerade das Bedeutendste der Herrlichkeiten des genannten Vorbildes gediegener Meisterschaft so jämmerlich entstellt, so völlig in's Verzerrte und Verworrene gepeitscht, auch zuweilen, aber seltener gedehnt wurde... Es grenzt in der That zuweilen an ein förmliches Rasen, so unbegreiflich wild und barbarisch gehen oft Männer mit Mozart's Geisteswerken um, und verderben allen Genuss, während sie ihn zu erhöhen glauben. Und doch sind sie weder trunken, noch Tröpfe, vielmehr andrerseits gebildete Leute. – Das Uebel hat seinen Grund in der veränderten Zeit, die alles im Fluge erhaschen und im Sturme erobern will. Wo es hingehört, ist es recht gut, so wohlthätig, wie Eisenbahnen, auf denen man sonst gewiss auch gern geflogen wäre, wenn man sie nur gehabt hätte...«

Es ist erstaunlich, wie aktuell G. W. Fink die Situation beurteilt. Man schrieb das Jahr 1839, und die Eisenbahn verkehrte erst seit 1835. Äußerst bemerkenswert ist aber auch, wie groß die Distanz zu Mozarts Willen in diesen Jahren schon war. Fink nennt den Grund für diese Veränderung: »... die Eitelkeit der Virtuosenkünste hat sich obenan gesetzt; man verlangt nicht sowohl darnach, zu beseelen, sondern zu verblüffen, dass die Menge ausser sich geräth und frappiert sich zuruft: das grenzt an Zauberei! Und so haben uns denn manche Eitelkeitskinder, die weiter nichts vor Augen haben, als wie sie uns ihre Kunststückchen oder auch wohl nur ihre Rumpeleien vormachen wollen, Streiche gespielt, die verlacht zu werden verdient hätten, aber dagegen von der leicht zu täuschenden Menge und von angestellten oder unwissenden Schreiberfingern bis in den Himmel erhoben worden sind...«

Fink war Augenzeuge der offenbar permanenten Beschleunigung. Von ihr war nicht nur Mozarts Musik betroffen: »... Haben es doch Etliche schon gewagt, Schlusssätze von Beethoven mit toll übertriebener Abjagung zu verpfuschen, ohne dass solche Kindereien gebührend gerügt wurden.«

Noch einmal: der Artikel stammt aus dem Jahr 1839, ist also 150 Jahre alt! »... So hat sich denn das Abhetzen der Tonstücke in einer Zeit, die an sich schon nichts mehr als Ruhe und Geduld verloren hat, die Alles gleich im Nu fertig haben will, bis in die Orchester verbreitet, dass man manchmal meint, der Kapellmeister stehe eben im Begriff, mit allen seinen Musikern durchzugehen. Solche Dinge sind wie eine Seuche; sie greifen um sich, dass auch die Gesunden befallen werden, sie wissen nicht wie. Kurz, das Uebel ist da, und jeder vernünftige Musiker und Musikliebhaber muss es zugeben.«

Nach meinen Erfahrungen haben Musiker und Musikliebhaber sich in den vergangenen 150 Jahren so sehr an das schnelle Tempo gewöhnt, daß sie in unseren Tagen keineswegs zugeben, daß klassische Musik »abgehetzt« wird; sie erheben im Gegenteil weiterhin die Forderung nach den überzogenen Spielgeschwindigkeiten und stellen sie als authentisch hin. Dazu Fink: »... Das Gefühl für das Rechte ist aber durch vielfache Verwöhnung in vielen schon verderbt, und man fängt an zu

ALLGEMEINE MUSIKALISCHE ZEITUNG.

Den 19ten Juni. № 25. 1839.

Don Juan.

Erster Akt.

Ouverture. Andante 92 ♩; Allegro molto 132 ♩.
Introduction. Scena 1. No. 1. Notte e giorno. Allegro molto 104 ♩; Ah, soccorso! Andante 60 ♩.
No. 2. Recitativo. Ma qual mai s'offre, Allegro assai 80 ♩; das Maestoso im Rezitativ 80 ♩ und das Andante 52 ♩; Allegro. Fuggi crudele, fuggi 100 ♩; Maestoso darauf bei den Worten Lo giuro 80 ♩ und das Adagio in tempo 63 ♩ und dann tempo primo 100 ♩, in dem Takte, wo die Worte stehen agl' occhi tuoi, ist die Bewegung 60 ♩, bei amor folgt die erste Bewegung 100 ♩.
No. 3. Ah chi me dice mai, Allegro 84 ♩.
No. 4. Madamina! Allegro 152 ♩, darauf das Andante Nella bionda 96 ♩.
No. 5. Allegro. Giovinette che fate 126 ♩.
No. 6. Andante. La ci darem la mano 88 ♪; Allegro darauf 92 ♪.
No. 7. Allegro. Ah fuggi il traditor! 112 ♩.
No. 8. Andante. Non ti fidar o misera 96 ♩.
No. 9. Recitat. Allegro assai 92 ♩; das Andante darin 52 ♩ und das darauf folgende Andante 58 ♩; das tempo primo 92 ♩; das Andante darauf 58 ♩, dann das tempo primo 92 ♩.
No. 10. Andante. Or sai chi l'onore 69 ♩.
No. 11. Presto. Finch' han dal vino 116 ♩.
No. 12. Andante grazioso. Batti, batti, o bel Masetto 88 ♪; das Allegro darauf 92 ♪.
No. 13. Finale. Allegro assai. Presto, presto! 100 ♩; darauf das Andante Tra quest' arbori celata 84 ♩; das Allegretto Coro fate core 120 ♩; der Menuett darauf 96 ♩; dann Adagio Protegga il giusto cielo 52 ♩;

Allegro 126 ♩; Maestoso Venite pur avanti 80 ♩; Menuetto 96 ♩, die beiden eingelochtenen Orchester ²/₄ und ³/₄ Takt richten sich nach dem Tempo des Menuetts; Allegro assai juto, ajuto gente! 116 ♩; Andante maestoso, Ecco il birbo 84 ♩; das letzte Allegro darauf Trema, trema 88 ♩.

Zweiter Akt.

No. 1. Allegro assai. Eh via buffone 72 ♩.
No. 2. Andante. Ah taci ingiusto core 104 ♪.
No. 3. Allegretto. Deh vieni alla finestra 80 ♪.
No. 4. Andante, con moto. Meta di voi qua vadano 60 ♩.
No. 5. Andante. Vedrai carino 116 ♪.
No. 6. Andante. Sola, sola in bujo loco palpitar 58 ♩, darauf das All. molto, Mille torbidi pensieri 112 ♩.
No. 7. Allegro assai. Ah per pietà 112 ♩.
No. 8. Andante. Il mio tesoro in tanto 96 ♩; Adagio. Di rider finirai 69 ♩; die Fortsetzung Ribaldo audace hat dieselbe Bewegung.
No. 9. Allegro. O statua gentilissima 160 ♩.
No. 10. Risoluto. Crudele! 138 ♩; Larghetto 69 ♪; Andante 88 ♩, darauf das Allegretto 138 ♩.
No. 11. Finale. Allegro assai. Gia la mensa è preparata 100 ♩; Allegretto. Che ti par del bel concerto? 80 ♩; Allegro. Frà i due frà i due litiganti 152 ♩; Moderato. Questa poi la conosco pur troppo 152 ♩; darauf Allegro assai, L'ultima prova 72 ♩. Dann Allegro molto. Ah Signor! 112 ♩; Andante. Don Giovanni! 50 ♩; darauf Allegro. Da qual tremore insolito 96 ♩; All. assai. Ah dov' è il perfido 60 ♩. Darauf Larghetto. Or che tutti 60 ♩; dann Presto. Questo è il fin 69 ○.

Die später eingelegten Sätze.

No. 1. Allegro assai. Recitativo. In quale eccessi 152 ♩; Allegretto. Mi tradi quell' alma ingrata 126 ♩.
No. 2. Allegro di molto. Ho capito 144 ♩.
Andante sostenuto. Dalla sua pace 88 ♩.
No. 4. a Tempo. Restati quà 132 ♩.
Duetto. Allegro moderato. Per queste tue manine 116 ♩.

streiten, was das Rechte ist. Einer will es so, der zweite anders und damit das Maass voll wird, jedes Mal nach Belieben.«

Fink erlag der utopischen Vorstellung, daß sich mit Hilfe des Metronoms festhalten ließe, »was jeder Meister irgendeiner Zeit unter seinem immerhin unbestimmten Ausdrucke: Allegro, Andante u.s.w. für eine Bewegung verstanden wissen will, damit sich anders gewordene Zeiten nicht irren und auf ganz falsche Meinungen gerathen.«

Er suchte einen Musiker, der in der Lage wäre, durch eigene Erfahrung Metronomzahlen für Mozarts Werke niederzuschreiben. Er traf auf den damals sehr geschätzten böhmischen Komponisten Wenzel Johann Tomaschek, der sich bereit fand, die Metronomzahlen für den *Don Giovanni* aufzuzeichnen.

»Wenzel Joh. Tomaschek kam im Jahre 1791 nach Prag, folglich 4 Jahre nach der ersten dortigen Aufführung des *Don Juan*, den Mozart selbst in Szene setzte und alle Proben persönlich geleitet hatte; Tomaschek hörte hier dasselbe von Mozart eingeübte Orchester und dieselben Sänger so oft, daß er die ganze Oper nur vom Hören am Klavier zu spielen im Stande war, denn damals war noch kein Klavierauszug vorhanden, um auf solchem Wege mit dem Meisterwerke nähere Bekanntschaft machen zu können. Die Tempi sind alle genau angegeben, wie sie der würdige Mann unzählige Male von dem Orchester ausführen hörte, das unter Mozarts eigener Leitung die Oper einstudierte...«

Die von Tomaschek aufgeschriebenen Tempi wurden in die neu begonnene Drucklegung der Partitur des *Don Giovanni* bei Breitkopf & Härtel aufgenommen.

Im Anschluß an seinen Artikel veröffentlichte Fink die Metronomangaben von Tomaschek für sämtliche Nummern des *Don Giovanni*.[83] Ich weiß nicht, ob sie zur Kenntnis genommen worden sind, keinesfalls jedoch blieben sie im Bewußtsein. Als Walter Gerstenberg sie 1960 wiederentdeckte und neu veröffentlichte, versah er seine Überschrift mit einem Fragezeichen: »Authentische Tempi für Mozarts *Don Giovanni*?« Gerstenberg war offenkundig konsterniert über die gefundenen Tempi, achtete sie aber, auch ohne sie richtig verstehen zu können, als Zeitdokumente: »Wie immer man den dokumentarischen Wert der Zahlenreihen einschätzen mag, zu ihrem Teil und nach ihrem Gewicht scheinen sie berufen, der hektischen Pseudodramatik, die sich gegenwärtig bei Aufführungen des *Don Giovanni* oft peinlich breitmacht, das Bewußtsein eines Maßes und einer Proportion entgegenzuhalten, das als solches unmittelbar zu Mozarts Kunst gehört.«[84]

Dieser Artikel ist inzwischen auch schon 30 Jahre alt – ohne Nachwirkungen im Opernhaus. Gottfried Wilhelm Fink hatte sich darauf verlassen, daß mit der Hilfe von Metronomzahlen die richtigen Tempi für Mozarts Opern überliefert würden. Er konnte nicht ahnen, daß gerade um Metronomzahlen heftige Kämpfe entbrennen würden. Wenn man den *Don Giovanni* in den Tempi aufführt, wie die Metronomangaben sie nach dem heute geläufigen Verständnis angeben, dann entsteht genau das, was Fink verhüten wollte: Die »Herrlichkeiten« werden »verhunzt«, weil ein »förmliches Rasen« entsteht. Das vermeidet man nur, wenn man diese Metronomangaben »metrisch« versteht, was Fink getan haben muß, sonst wäre er mit dem »Durchpeitschen« zufrieden gewesen und hätte nicht versucht, Abhilfe zu schaffen.

Das schlagendste Beispiel dafür liefert die möglicherweise bekannteste Arie aus dem *Don Giovanni*, die sogenannte Champagner-Arie. »Finch'han dal vino« (»Auf denn zum Feste«). Die Schlesingersche Ausgabe der Klavierauszüge von 1822, die Max Rudolf wieder auffand, nennt für diese Arie die Metronomzahl ♩ = 138, Tomaschek notiert ♩ = 116, die Taktvorschrift ist ⅔, die Tempobezeichnung »Presto«. An dieses Presto halten sich die meisten Sänger und jagen durch das Stück, machen eine Zungenfertigkeitsarie daraus – Max Rudolf spricht von einer »tour de force«. Don Giovanni ist kein spanischer Grande, aber auch kein Verführer mehr, er wird zum verstreßten Manager. Die heutigen Sänger erreichen mit hängender Zunge das Tempo ♩ = 120. Gemeint war jedoch, daß das Metronompendel in der halben Note bei Einstellung 116 (Tomaschek) oder 138 (Schlesinger) hin- und herschlagen und sowohl auf dem Hin- wie auf dem Rückweg ticken sollte. Es schlägt dann die Viertel. Die Arie muß also ♩ = 116 oder 138 gesungen werden. In dem Unterschied der Zahlen mag sich schon das von Fink konstatierte Anwachsen der Spielgeschwindigkeiten zwischen der Aufführung durch Mozart selber (1791), die Tomaschek im Ohr hatte, und der von 1822, deren Urheber nicht bekannt ist, dokumentieren. Für diese Jahrzehnte registrierte Türk 1802 in seiner Klavierschule, daß ein Allegro mittlerweile ein weit höheres Tempo habe, als ein Stück gleichen Namens fünfzig Jahre zuvor.[85] Nach Stöckel, dem Erbauer einer Vorform des Metronoms sollen sich die Tempi in dieser Zeit um etwa ein Drittel gesteigert haben; aber auch schon damals gab es bisweilen noch größere Überziehungen, wie eine Kritik aus der *Allgemeinen Musikalischen Zeitung* belegt, in der von der Aufführung eines Mozartschen Klavierkonzertes die Rede ist, die doppelt so schnell gewesen sein soll, wie der Rezensent das Stück in einer Aufführung von Mozart selber im Ohr hatte. Im Juli 1813 konnte man in der gleichen Zeitung lesen: »Bekanntlich verstanden die Musiker aus der ersten Hälfte des vorigen [18.] Jahrhunderts unter Allegro nur ungefähr, was wir jetzt Andante nennen.« Das 18. Jahrhundert beinhaltet die Lebenszeit Mozarts. Für ihn war ein »Presto« nicht so schnell, wie man es zu G. W. Finks Zeit verstand, und schon gar nicht so rasant, wie man es heute für selbstverständlich hält.

Zwar läßt sich an vielen Nummern der Opern Mozarts nachweisen, daß sie zu schnell gesungen werden, doch sind die Sänger im Gegensatz zu den Instrumentalisten durchweg nicht beim doppelten Tempo angekommen, zumindest nicht mit der gleichen rechthaberischen Selbstverständlichkeit. Das hat einen einfachen Grund: Die Finger können leichter fix sein als die Stimme. Der Unterschied läßt sich in jeder Opernaufführung beobachten: Solange das Orchester einen Sänger begleitet, nimmt der Dirigent Rücksicht – mehr oder weniger –, sobald aber das Orchester allein zu spielen hat, möchte man – mit G. W. Fink – meinen, »der Kapellmeister [stehe] eben im Begriff... mit allen seinen Musikern durchzugehen.« Bei der besprochenen Arie des Don Giovanni kann das folgendermaßen aussehen: Der Sänger (M. Ahlersmeyer) singt ♩ = 120; kaum hört er auf zu singen, spielt das Orchester ♩ = 132.

Ein anderes Beispiel: Der bereits zitierte Louis Spohr schrieb anläßlich der Pariser *Don Giovanni*-Aufführung über das Schluß-Allegro der Oper: »Bedenken denn die Dirigenten gar nicht, daß... die Triolenfigur der Geigen... bei so rasend-schneller Bewegung gar nicht mehr deutlich und kräftig herausgebracht werden können und man am Ende... nur skelettierte Umrisse ohne Ausfüllung zu hören bekommt?«[86] Louis Spohr war übrigens einer der angesehensten Geiger seiner Zeit.

Und erst die Ouvertüren! Sie sind vollends zu Bravourstücken für die Orchester geworden. Auch die Ouvertüre zum *Don Giovanni* wurde schon früh viel zu schnell gespielt. 1824 wünschte ein Rezensent der *Allgemeinen Musikalischen Zeitung*, daß Mozart »ein Metronom besessen und benutzt hätte, denn dann würde die Ouvertüre zum *Don Juan* nicht so abgerast werden, als man sie von manchem Orchester abrasen hört.« Die *Don Giovanni*-Ouvertüre ist eines der Stücke, die die Musiker aus den noch schreibnassen Noten spielen mußten – sie wurde nämlich erst in der Nacht vor der Uraufführung fertig. Tomaschek überlieferte als Tempo für das Anfangsandante ♩ = 92, für das darauffolgende Allegro 𝅗𝅥 = 132, was für die Ausführung ♩ = 132 bedeutet. Ein Dirigent wie

Carlo Maria Giulini läßt im Andante ♩ = 116 und im Molto allegro ♩ = 126, also annähernd das doppelte Tempo spielen.

Hier noch einige Vergleichszahlen für die *Zauberflöten*-Ouvertüre: Die überlieferten Metronomzahlen lauten ♩ = 60 für das Eingangs-Adagio, und für das folgende Allegro ♩ = 112, was wiederum für die Ausführung halbiert werden muß, also ♩ = 112 bedeutet. Karajan ließ das Adagio mit ♩ = 48 und das Allegro mit realiter ♩ = 88 spielen – Gesamtdauer sieben Minuten. Nach den Originalzahlen – richtig gelesen – dauert die Ouvertüre fast elf Minuten. Aber Karajan war nicht der Schnellste: Toscanini brauchte sechs Minuten 35 Sekunden, Bruno Walter drei Sekunden weniger, und Richard Strauß gar nur fünf Minuten 48 Sekunden.

Das unbestrittene Glanzstück für die Dirigenten ist die *Figaro*-Ouvertüre. Die Tempovorschrift heißt Presto, alla breve, mit der überlieferten Metronomzahl 𝅝 = 84. In diesem Tempo dauert die Ouvertüre sieben Minuten 20 Sekunden. Aber die Orchesterchefs dirigieren mit Stolz das doppelte Tempo: Bruno Walter brauchte 1937 in Salzburg drei Minuten 48 Sekunden, Muti ist sieben Sekunden langsamer, Otmar Suitner ist mit der Dresdner Staatskapelle der Schnellste: drei Minuten 45. Allerdings erreicht auch er nicht exakt das doppelte Tempo, er kommt »nur« auf 𝅝 = 76–80.

Das Resultat bei all diesen Interpretationen ist das Gleiche: Die Achtelketten am Anfang klingen wie gewichste Glissandi. Eigentlich wird man erinnert an die Musik zu einem witzigen Trickfilm, aber das Publikum applaudiert frenetisch.

»Zu Hilfe! zu Hilfe!«

EINE MOZART-RENAISSANCE BESONDERER ART

Die wiederentdeckten Metronomzahlen für Sinfonien, Opern, Klavier- und Violinwerke Mozarts würden es uns erlauben, eine Mozart-Renaissance ganz besonderer Art einzuleiten – wenn wir dazu bereit wären. Es müßte dafür Instrumentalisten und Dirigenten geben, die sich in die überlieferten Tempi und ihr richtiges Verständnis, aber auch in die vergessenen Spielanweisungen versenken würden; sie brauchten ein Orchester, das willens wäre, ihnen zu folgen; Sänger, die ihre Gewohnheiten zu vergessen und einen »anderen« Mozart zu singen bereit wären; schließlich müßte ein in diesen Fragen kundiger Regisseur ein solcherart verändertes Spiel auf die Bühne stellen. Die Vorbedingung für alle Beteiligten ist auf jeden Fall ein Umdenken in der Tempofrage. In den 200 Jahren seit Mozarts Tod gab es dazu zahlreiche Gelegenheiten. Ihre Auflistung liest sich wie eine lange Kette ungenutzter Chancen:

1787 Mozart studiert in Prag die Uraufführung des *Don Giovanni* ein und dirigiert vier Vorstellungen.

1791 Johann Wenzel Tomaschek kommt nach Prag und hört den *Don Giovanni* in der Einstudierung Mozarts so oft, daß er die Oper auswendig am Klavier spielen kann.[82] Für die Erstausgabe der Oper bei Breitkopf & Härtel notiert er die Metronomzahlen, die er von der Prager Aufführung im Gedächtnis hat.

1822 Der Musikverlag Schlesinger in Paris veröffentlicht die Opern *Cosi fan tutte*, *Die Entführung aus dem Serail*, *Le nozze di Figaro*, *Don Giovanni* und *Die Zauberflöte* als Klavierauszüge mit Tempobezeichnungen nach Mälzels Metronom.[79] Der Verfasser ist nicht bekannt – 1. ungenutzte Chance.

1823 Ebenfalls bei Schlesinger erscheinen die vier letzten Sinfonien, die *Haffner* und die *Linzer* Sinfonie, arrangiert für Klavier, Flöte, Violine und Violoncello mit Metronomzahlen versehen von Johann Nepomuk Hummel – 2. ungenutzte Chance.

1839 *Die Allgemeine Musikalische Zeitung* veröffentlicht die Metronomzahlen Tomascheks für den *Don Giovanni*[82] – 3. ungenutzte Chance.

1850 Carl Czerny gibt Mozarts Klaviersonaten mit Metronomzahlen heraus[16] – 4. ungenutzte Chance.

1865 Ignaz Moscheles veröffentlicht in seiner Ausgabe der Klaviersonaten Mozarts ebenfalls Metronomzahlen, die kaum von denjenigen Czerneys abweichen[16] – 5. ungenutzte Chance.

1930 Mozarts Flügel wird wieder aufgestellt, eine intensive Beschäftigung mit der Aufführungspraxis seiner Werke setzt ein.

1952 Rudolf Evers verfaßt eine Dissertation über *Untersuchungen zu den Tempi in Mozarts Instrumentalmusik*, in der er die Metronomzahlen für die Klavier- und Violinsonaten veröffentlicht und diskutiert[16] – 6. ungenutzte Chance.

1960 Walter Gerstenberg veröffentlicht die von ihm wiederentdeckten Metronomzahlen Tomascheks für den *Don Giovanni* in seinem Aufsatz »Authentische Tempi für Mozarts *Don Giovanni?*«[81] – 7. ungenutzte Chance.

1962 Robert Münster veröffentlicht seinen Artikel »Authentische Tempi zu den letzten Sinfonien W. A. Mozarts?« mit der Auflistung der Zahlen zu allen Sinfoniesätzen[31] – 8. ungenutzte Chance.

1976 Max Rudolf zitiert 300 Metronomangaben für Mozart-Opern nach der Schlesinger-Ausgabe von 1822 unter dem Titel »Ein Beitrag zur Geschichte der Temponahme bei Mozart«[79] – 9. ungenutzte Chance.

1980 Willem Retze Talsma gibt Anleitungen für das Verständnis der überlieferten Metronomzahlen: *Wiedergeburt der Klassiker*[17] – 10. ungenutzte Chance.

1990 Wir spielen unverdrossen »Prestissimo«.

Diese Aufstellung ist ein Zeugnis dafür, wie langsam die Mühlen des Musikbetriebes mahlen – ein pikanter Kontrast zu den fixen Fingern der Instrumentalisten und den »geläufigen Gurgeln« der Sänger.

ANMERKUNGEN

1 Erdmann Werner Böhme, Mozart in der schönen Literatur, in: Bericht über die musikwissenschaftliche Tagung der Internationalen Stiftung Mozarteum in Salzburg vom 2. bis 5. August 1931, Leipzig 1932
2 Alle Briefzitate sind entnommen aus: Wolfgang Amadeus Mozart, Briefe und Aufzeichnungen. Gesamtausgabe, herausgegeben von der Internationalen Stiftung Mozarteum Salzburg, gesammelt und erläutert von Wilhelm A. Bauer und Otto Erich Deutsch, Kassel 1962–75. Die chronologische Anordnung dieser Sammlung macht es leicht, die zitierten Stellen zu finden.
3 Volkmar Braunbehrens, Mozart in Wien, München 1986, S. 294
4 Wolfang Hildesheimer, Mozart, Frankfurt 1975, S. 86
5 ebenda S. 252
6 ebenda S. 82
7 ebenda S. 88
8 vgl. Grete Wehmeyer, Prestißißimo. Die Wiederentdeckung der Langsamkeit in der Musik. Hamburg 1989
9 Heinrich Christoph Koch, Musikalisches Lexikon, Frankfurt 1802
10 Fritz Rothschild, Vergessene Traditionen in der Musik. Zur Aufführungspraxis von Bach bis Beethoven, Zürich 1964
11 Vgl. Norbert Bolin, Sterben ist mein Gewinn. Ein Beitrag zur evangelischen Funeralkomposition des Barock, Kasseler Studien zur Sepulkralkultur; Bd. 5, Diss. Köln 1985
12 Hildesheimer, a. a. O., S. 91
13 Arnold Werner-Jensen, Reclams Musikführer Wolfgang Amadeus Mozart, Band 1: Instrumentalmusik, Stuttgart 1989, S. 37
14 ebenda S. 38
15 Johann Mattheson. Das neu eröffnete Orchester, 1713
16 Diese Zahlen wurden wieder ins Bewußtsein gerückt und komplett zitiert von Rudolf Elvers, Untersuchungen zu den Tempi in Mozarts Instrumentalmusik, Diss. Berlin 1952
17 Willem Retze Talsma, Wiedergeburt der Klassiker, Anleitung zur Entmechanisierung der Musik, Innsbruck 1980
18 Hans Renner und Klaus Schweizer, Reclams Konzertführer, 10. Auflage, Orchestermusik, Stuttgart 1976, S. 74/5
19 Otto Schumann, Meyers Konzertführer, Orchestermusik und Instrumentalkonzerte, zweite Auflage, Leipzig 1938, S. 56
20 Bernhard Paumgartner, Mozart, Zürich 1940, S. 466
21 Ludwig Schiedermair, Mozart, Sein Leben und seine Werke, München 1922, S. 374
22 Hans Renner, a. a. O. S. 85
23 ebenda S. 84
24 Arnold Werner-Jensen, a. a. O. S. 194

25 Volkmar Braunbehrens, a.a.O. S. 287
26 ebenda S. 345
27 ebenda S. 431 f
28 ebenda S. 344/5
29 vgl. Anm. 15
30 Moritz Müller, Ein alter Musikmeister, in: Europa. Chronik der gebildeten Welt, Leipzig 1873
31 Robert Münster, Authentische Tempi zu den sechs letzten Sinfonien W. A. Mozarts? in: Mozart-Jahrbuch 1962/63, Salzburg 1964
32 Georg Nikolaus Nissen, Biographie W. A. Mozarts, Leipzig 1828
33 Anton Schindler: Der Freund Beethovens. Sein Tagebuch aus den Jahren 1841–43, hg. von Dr. Marta Becker, Frankfurt 1939
34 Robert Münster, a.a.O. S. 192 f
35 Otto Schumann, a.a.O. S. 56
36 vgl. auch: Werner Lüthy, Mozart und die Tonartencharakteristik, Strassburg 1931 sowie Paul Mies, Der Charakter der Tonarten. Eine Untersuchung, Köln 1948
37 Hildesheimer, a.a.O. S. 244
38 Hans Renner, a.a.O. S. 86
39 Münster, a.a.O. S. 197
40 Walter Gerstenberg, Andante, in: Bericht über den internationalen musikwissenschaftlichen Kongress Kassel 1962, S. 158
41 Otto Schumann, a.a.O. S. 57
42 Arnold Werner-Jensen, a.a.O. S. 196
43 Daniel Schubart, Ideen zu einer Aesthetik der Tonkunst, 1806, vgl. auch Lüthy, a.a.O. S. 70
44 Otto Schumann, a.a.O. S. 57
45 Robert Münster, a.a.O. S. 197
46 ebenda S. 199
47 Otto Schumann, a.a.O. S. 57
48 Hans Renner, a.a.O. S. 86
49 Arnold Werner-Jensen, a.a.O. S. 196
50 ebenda S. 197
51 Hans Renner, a.a.O. S. 86/7
52 Otto Schumann, a.a.O. S. 57/8
53 Arnold Werner-Jensen, a.a.O. S. 198
54 ebenda S. 198
55 Andreas Heuß, Das dämonische Element in Mozart's Werken, in: Zeitschrift der internationalen Musikgesellschaft 1906, Heft 5, S. 179
56 in einem Artikel für Herlossohns ›Damen-Lexikon‹ 1835 mit dem Titel »Charakteristik der Tonarten‹, vgl. auch: Günter Katzenberger, Materialien zu Clara (und Robert) Schumanns Mozart- und Beethovenauffassung, in: Festschrift Erich Valentin zum 70. Geburtstag, Regensburg 1976
57 Hans Renner, a.a.O. S. 83

58 ebenda S. 87
59 Otto Schumann, a.a.O. S. 55
60 Hans Renner, a.a.O. S. 87
61 ebenda
62 Otto Schumann, a.a.O. S. 56
63 ebenda S. 56
64 Arnold Werner-Jensen, a.a.O. S. 193
65 Hans Renner, a.a.O. S. 85
66 ebenda S. 82
67 Arnold Werner-Jensen, a.a.O. S. 196
68 Otto Schumann, a.a.O. S. 51
69 ebenda S. 54
70 Arnold Werner-Jensen, a.a.O. S. 191
71 Bernhard Paumgartner, a.a.O. S. 466
72 Eva Rieger, Frau, Musik und Männerherrschaft, Ullstein Materialien 1981, S. 141
73 Grete Wehmeyer, Beethoven war anders, in: Almanach der Stuttgarter Sommerakademie 1989
74 dazu: Karin Hausen. Die Polarisierung der ›Geschlechtscharaktere‹ – Eine Spiegelung der Dissoziation von Erwerbs- und Familienleben. in: Sozialgeschichte der Familie in der Neuzeit Europas, hg. von Werner Conze, Stuttgart 1976
75 dazu: Leo Balet / E. Gerhard, Die Verbürgerlichung der deutschen Kunst, Literatur und Musik im 18. Jahrhundert, Ullstein Materialien Nr. 35133, S. 472 ff
76 ebenda S. 480
77 Otto Schumann, a.a.O. S. 51
78 Hans Renner, a.a.O. S. 77
79 Max Rudolf. Ein Beitrag zur Geschichte der Temponahme bei Mozart, in: Mozart-Jahrbuch 1976/77, Kassel 1978
80 Ein anderes Beispiel: Figaro singt »Se vuol ballare« (»Will der Herr Graf ein Tänzchen nun wagen«) und hat als Musik ein Menuett. Die Tempovorschrift lautet »allegretto«, kein sehr schnelles Tempo. Als Metronomzahl ist überliefert ♩ = 160, das bedeutete ♪ = 160, oder ♩ = 80; das nachfolgende Presto ist mit ♩ = 92 bezeichnet, das bedeutet für die Ausführung ♩ = 92. Auf Schallplatten und live im Opernhaus kann man durchaus folgendes hören: für das Allegretto ♩ = 180, und für das Presto realiter ♩ = 92 – es wird also um das Doppelte zu schnell gesungen.
81 Walter Gerstenberg, Authentische Tempi für Mozarts Don Giovanni?, in: Mozart-Jahrbuch 1960/1, Salzburg 1961
82 Gottfried Wilhelm Fink, Über das Bedürfnis, Mozart's Hauptwerke unserer Zeit so metronomisiert zu liefern, wie der Meister selbst sie ausführen ließ, in: Allgemeine Musikalische Zeitung vom 19. Juni 1839, Nr. 25, S. 478–481, alle folgenden Zitate sind dort zu finden.
83 Fink, a.a.O. S. 480/81

84 Walter Gerstenberg, Authentische... S. 60
85 dazu: Grete Wehmeyer, Prestißißimo. S. 32 ff und S. 60 ff
86 Louis Spohr, Selbstbiographie, 2. Band, S. 127

Grete Wehmeyer, Pianistin und Musikwissenschaftlerin, war lange Klavierpädagogin, u.a. in Japan. Sie veröffentlichte vielbeachtete Bücher über die Komponisten *Erik Satie* (1974), *Edgar Varèse* (1977), *Carl Czerny* (Czerny und die Einzelhaft am Klavier, 1983) sowie *Prestißißimo - Die Wiederentdeckung der Langsamkeit in der Musik* (1989). Seit 1984 beschäftigt sich die Autorin intensiv mit der Tempotheorie.

Grete Wehmeyer lebt in Köln.

Spielen wir die klassische Musik zu schnell?

Grete Wehmeyer
prestißißimo

**Die Wiederentdeckung der Langsamkeit
in der Musik**

*176 Seiten, 15 Abb., geb., DM 34.—,
ISBN 3-927623-00-8*

Bach zügig, Mozart äußerst frisch, Beethoven geduckt dahinsausend, Chopin und Liszt rasant - wir haben uns daran gewöhnt, klassische Musik so zu hören.
Aber so haben die Komponisten der Vergangenheit sich ihre Musik nicht vorgestellt.
Grete Wehmeyer schildert, wie mit einer allgemeinen Beschleunigung unserer Lebenswelt die klassische Musik zu bloßer Raserei verkümmern konnte.

"Ein Buch gegen den Trend, und damit vielleicht eine der originellsten Neuerscheinungen auf dem Buchmarkt."
Bayrischer Rundfunk

"Das brisanteste Buch der Saison? Auf jeden Fall eine Kampfansage! Grete Wehmeyers Plädoyer für die langsameren Tempi verdient jede Aufmerksamkeit."
Süddeutsche Zeitung

KELLNER

Henrike Leonhardt
DER TAKTMESSER

Johann Nepomuk Mälzel - Ein lückenhafter Lebenslauf

260 Seiten, 17 Abb., geb., DM 38.—,
ISBN 3-927623-09-1

Johann Nepomuk Mälzel, der "Erfinder" des Metronoms, das die klassische Musik revolutionieren sollte, hatte eine geheimnisvolle, ungewöhnliche Lebensgeschichte: Nichts ist sicher im Leben dieses Genies. Sein Geburtsjahr wird mal mit 1768, mal mit 1772 angegeben. Mal soll Mälzel bettelarm gestorben sein, mal eine Million Dollar hinterlassen haben. Er starb 1838 "auf der Überfahrt nach Amerika", "auf einer Reise nach Südamerika", "vor Philadelphia". Es gibt kein Grab von ihm, keine handschriftlichen Dokumente außer seiner Signatur, kein einziges Portrait.

Henrike Leonhardt spürt in ihrem Buch der Person Mälzels mit großer Beharrlichkeit nach, ohne vorzugeben, alle Geheimnisse in diesem lückenhaften Lebenslauf seien gelüftet, alle Widersprüche gelöst. Aber sie schildert, wie es gewesen sein könnte, das Leben dieses legendären Erfinders. Ihre Darstellung liest sich wie ein Roman: spannend nicht nur für Musikfreunde.